novum  pro

D1722731

MANFRED GÖRK

Land der Mitte
Impressionen aus einer anderen Welt

MEHR ALS EIN CHINA-RATGEBER FÜR NEUGIERIGE

novum ◢ pro

Dieses Buch ist auch als e-book erhältlich.

www.novumverlag.com

Bibliografische Information der Deutschen Nationalbibliothek:

Die Deutsche Nationalbibliothek verzeichnet diese Publikation in der Deutschen Nationalbibliografie. Detaillierte bibliografische Daten sind im Internet über http://www.d-nb.de abrufbar.

Alle Rechte der Verbreitung, auch durch Film, Funk und Fernsehen, fotomechanische Wiedergabe, Tonträger, elektronische Datenträger und auszugsweisen Nachdruck, sind vorbehalten.

© 2017 novum Verlag

ISBN 978-3-95840-570-7
Lektorat: Tobias Keil
Umschlagfotos: Leung Cho Pan, Efired, Wisconsinart | Dreamstime.com, Manfred Görk
Umschlaggestaltung, Layout & Satz: novum Verlag
Innenabbildungen: Manfred Görk

Gedruckt in der Europäischen Union auf umweltfreundlichem, chlor- und säurefrei gebleichtem Papier.

www.novumverlag.com

Inhaltsverzeichnis

Vorwort

Nach langer Zeit der Unentschlossenheit habe ich im Januar 2017 endlich begonnen, dieses Buch zu schreiben. Es ist eine wunderbare Erfahrung, mit einer Unmenge von Ideen und einem weißen Blatt zu beginnen und schon wenige Wochen später den „richtigen" Verlag zu finden. Jetzt liegt es dem Buchmarkt vor und ich hoffe, dass viele Leser es als lohnenswerte Lektüre empfinden werden.

Ich danke Manyu Xu dafür, dass sie mir die initiale Motivation für den ersten Satz gab. Ihr und anderen Freunden danke ich für ihre konstruktive Kritik und Anregungen.

Schriesheim & Ningbo, 2017

A Einführung

1 Über die Entstehung dieses Buches

Seit 2008 bin ich mehr als 15-mal nach China gereist. Alles fing damit an, dass ich einige Eintrittskarten für die Olympischen Sommerspiele in Peking bekommen habe. Immer schon wollte ich einmal Olympische Spiele besuchen, immer schon wollte ich China kennenlernen. Jetzt hatte ich die Chance, beides auf einer Reise zu kombinieren, und ich habe diese Chance nicht nur genutzt, sondern daraus ist eine wahre Leidenschaft entstanden, China in all den Facetten eines gewaltigen Landes oder besser Kontinentes kennenzulernen. Ich habe bis heute, jeweils für die Dauer von zwei bis vier Wochen, mehr als 20 chinesische Provinzen besucht, von Heilongjiang im Norden bis Guangzhou im Süden, von Zhejiang im Osten bis Sichuan und Yunnan im Westen. Dadurch habe ich die unterschiedlichsten Lebensformen, Landschaften und Kulturen kennengelernt und erfahren, worin sich ganz China ähnelt, wo es regionale Spezifika gibt und in welcher Hinsicht sich das chinesische Leben von dem in unserer westlichen Welt unterscheidet.

Auch die Idee, ein Buch zu schreiben, begleitet mich seit Jahren, entstanden sind aber bisher nur einige semi-professionelle Videos, mit denen ich auf Youtube doch eine erstaunlich hohe Anzahl von Interessenten mit zum Teil ermutigenden Kommentaren gewinnen konnte.

Natürlich habe ich einige Bücher über China gelesen. Klassische Reiseführer, die von Geschichte über Geografie, vom politischen System bis zur Auflistung von Sehenswürdigkeiten, Empfehlungen von Hotels und Restaurants, ja sogar konkreten Preisen ausgewählter Flug- und Bahnverbindungen alles abdecken, was den zukünftigen China-Reisenden eventuell interessieren könnte.

Meinen Horizont über China habe ich auch durch das Lesen chinesischer Literatur aus unterschiedlichen Jahrhunderten erweitert. Aber doch fehlt etwas auf dem Markt. Und hier setzte meine Idee an, endlich mit dem Schreiben zu beginnen.

Mein Ziel ist es, den Leser mit diesem Buch ergänzende oder sogar völlig neue Informationen über China zu geben. Ich werde einen anderen, ganz spezifischen Blick auf China werfen und damit hoffe ich, den Neugierigen mit diesem Buch neue Erkenntnisse über China, einem Land mit unglaublichen Unterschieden zu unserer westlichen Welt – oder sind die Unterschiede gar nicht so groß? – gewinnen zu lassen. Zum einen möchte ich einen China-Ratgeber herausgeben, der auf das Reisen nach und innerhalb des Landes der Mitte eingeht und sich dabei ausschließlich auf das konzentriert, was in China dabei anders ist als in Mitteleuropa, zum anderen werde ich anhand von acht Episoden Beispiele aus dem täglichen Leben der Chinesen schildern, um damit den Leser auf China neugierig zu machen.

Alles, was ich Ihnen in diesem Werk anbiete, entstammt aus meinen persönlichen Erfahrungen, Beobachtungen und Interpretationen. Um dieses Buch vom Umfang her lesbar zu halten, werde ich nur Ausschnitte des chinesischen Lebens beschreiben, also wahrlich keinen Anspruch auf Vollständigkeit erheben. Aber wer kann das schon? Nicht einmal der Fleißigste wird China vollständig beschreiben können.

Ich möchte Folgendes über meinen Schreibstil vorwegschicken: Wenn ich „Leser" schreibe, dann meine ich natürlich auch die „Leserinnen", wenn ich vom „Kellner" rede, dann schließt es die „Kellnerin" ein. Wenn ich meine Leser direkt anspreche, dann habe ich mich für das Wort „Sie" entschieden, obwohl ich im persönlichen Umgang das „Du" immer schon bevorzuge. Wenn ich zum Beispiel: „In China sind alle Züge absolut pünktlich" schreibe, dann gibt es trotzdem einige Züge, die unpünktlich sind, aber für die große Mehrheit der Züge trifft meine Aussage schon zu. Wenn ich: „Im Vergleich zu hier" schreibe, dann meine ich konkret: „Im Vergleich zu Deutschland oder Mitteleuropa", weil ich das am sichersten beurteilen kann. Aber in der Regel gelten diese Vergleiche immer zu dem, was wir als westliche Welt bezeichnen. Ich bin sicher, dass dieser Schreibstil das Lesen einfacher macht, und ich hoffe auf Verständnis derjenigen, die auf einen Schreibstil Wert legen, der mit Attributen wie „politisch korrekt", „gendergerechte Sprache" oder Ähnlichem beschrieben werden kann. Somit kann ich mich darauf konzentrieren, den Leser zu informieren und zu unterhalten.

2 Über den Aufbau des Buches

Im ersten Kapitel werde ich Ihnen Beobachtungen und Empfehlungen näherbringen, die sich auf Reiseformen nach und innerhalb Chinas beziehen, auf Verkehrsmittel, Übernachtungsmöglichkeiten, Essen, Einkaufen und Kommunikation. Es soll Ihnen praktische Tipps für einen Aufenthalt in China geben.

Danach will ich Ihnen China als ein Land erstaunlicher Lebensformen vorstellen, indem ich Ihnen Szenen aus acht unterschiedliche Alltagsbereichen schildere, zum Staunen, zum Lernen oder nur zur Unterhaltung, ganz wie Sie es mögen. Warum aber genau acht? Nun, die Zahl „acht" ist nicht irgendeine Zahl, sie ist für Chinesen etwas ganz Besonderes und deshalb wird sie uns durch die weiteren Kapitel begleiten, uns gewissermaßen den Rahmen geben. Die chinesische Aussprache der Zahl „acht" ähnelt der der Worte, die für Geld, Reichtum, Glück verwendet werden. Schon alleine das macht sie zu einer Kostbarkeit, denn Geld und Reichtum – wir reden über ein kommunistisches Land – sind den Chinesen der Inbegriff des Guten schlechthin.

Das politische System Chinas wird Ihnen als Tourist nicht besonders stark ins Auge fallen, trotzdem lohnt es sich, einen Blick in der Hinsicht darauf zu werfen, wie es dem Reisenden aus dem Ausland gegenübertritt. Deshalb werde ich auch darauf eingehen.

Schließlich möchte ich einen Vergleich der westlichen und chinesischen Kultur anhand der Gegenüberstellung von acht Redewendungen wagen. Auch daraus können wir erstaunliche Erkenntnisse gewinnen.

3 „Top Ten" – Hier nicht!

Viele Reiseführer füllen endlose Seiten mit Hotel- und Restaurantempfehlungen, Flug- und Zugverbindungen, „Top Ten Things to See" und „Top Ten Things to Do". Was für eine Verschwendung von Lese- und Schreibzeit. Erstens ändern sich diese Ranglisten in einem so dynamischen Land wie China sowieso ständig, zweitens sind es oft die persönlichen Meinungen des Autors beziehungsweise es ist aus anderen Quellen abgeschrieben, um Seiten zu füllen und einen etwas seltsam anmutenden Eindruck der Vollständigkeit zu erwecken. Und drittens gibt es das alles online und dadurch immer aktuell nachzulesen. Deshalb werden Sie hier vergeblich auf entsprechende Empfehlungen warten. Sie werden sie nicht finden.

Ich werde Ihnen auch keine speziellen Webseiten empfehlen. Die Standardseiten, die bei der Eingabe eines Suchbegriffes immer ganz oben stehen, kennt sowieso jeder Leser, Sie werden sie also rasch finden, und welche neuen Seiten es in sechs oder bereits drei Monaten geben wird und welche dann nicht mehr existieren, weiß ohnehin niemand. Also nutzen Sie dieses Buch in Kombination mit Ihrem Wissen und Ihrem Drang, das zu suchen, was für Sie von Bedeutung ist. Dann werden Sie einen Gewinn daraus ziehen.

4 Dimensionen im Vergleich

Die folgende Tabelle soll Ihnen eine Idee über die Dimensionen
Chinas geben, das aus der Sicht unseres kleinen Deutschlands erschreckend gigantisch ist.

Landkarte

Kennzahl	Deutschland	China
Fläche	ca. 357.375 km^2	ca. 9.571.300 km^2
Einwohner (2015)	ca. 82.170.000	ca. 1.373.500.000
Einwohner pro km^2	ca. 230	ca. 144
Längster Fluss	Rhein: 852 km	Yangtze: 6.300 km
Höchster Berg	Zugspitze: 2.962 Meter	Qomobangma (Mount Everest). 8.848 Meter
Anzahl Städte > 5 Millionen Einwohner	0	Mehr als 10
Anzahl Städte > 1 Millionen Einwohner	4	Mehr als 50
Streckenlänge Hochgeschwindig-keitszüge (>250 km/Stunde)	1.000 km	22.000 km
Anzahl Abituri-enten pro Jahr	370.600 (2013)	6.999.060 (2015)
Lebenserwartung Männer/Frauen 2014	78,6 Jahre/ 83,2 Jahre	74,3 Jahre/ 77,4 Jahre
Wirtschaftswachs-tum in % 2014/2015/2016	1,6/1,7/1,9	7,3/6,9/6,7

Genug der Vorrede, fangen wir an.

Reisen wir in das Land der Mitte, reisen wir nach CHINA!

B Reisepraxis

Wenn Sie eine Reise nach China planen, weil Sie die Zahl der von Ihnen besuchten Länder von 22 auf 23 erhöhen wollen, wenn Sie Ihre Vorurteile über China, also die negativ besetzten, bestätigen wollen, wenn Sie sich nicht auf die chinesischen Besonderheiten (zum Beispiel das Essen, aber nicht nur das) einlassen wollen oder können, dann fahren Sie nicht dorthin! Es wird genügend andere Ziele geben, die Ihnen positivere Erlebnisse bringen. Reisen Sie nach China, wenn Sie sich für das Land wirklich interessieren, wenn Sie vorurteilsfrei eigene Eindrücke gewinnen wollen, wenn Sie erwarten und erhoffen, dass Sie mit neuen Eindrücken zurückzukommen, die Ihr Leben bereichern. Und Sie werden mit vielen Eindrücken zurückkommen, und viele davon werden einzigartig sein. Versprochen!

Die nachfolgenden Informationen sollen insbesondere den Kurzreisenden helfen, also denen, die zwischen 2 und 4 Wochen in China verbringen werden. Wer ein halbes Jahr oder mehr Zeit hat, wird ohnehin ganz anders an ein solches Abenteuer herangehen.

Wenn Sie einen Direktflug nach Peking oder Shanghai gebucht haben, dann überfliegen

Unterwegs nach China

Sie Sibirien und die Mongolei. Zehn Kilometer unter Ihnen erstrecken sich schier endlos teils schneebedeckte Berge, teils flach gewellte Steppen. Dort herrschen Leere und Stille, beschützt von einem azurblauen klaren Himmel, reinem Licht. Dort, wo Sie wenige Stunden später landen werden, ist es voll, ist es laut und nur wenn ein wichtiges politisches oder sportliches Ereignis stattfindet und die Regierung dafür entsprechende harte und konsequente Maßnahmen durchsetzt, wird der Himmel wirklich blau sein. Aber jetzt ist es schon zu spät, umzukehren. Jetzt werden Sie China mit all den Facetten erleben, die mit dem soeben aus dem Flugzeug Gesehenen nichts mehr gemein haben.

1 Reisevarianten

Jeder hat irgendwelche Prioritäten für die Form einer Reise. Folgen Sie diesen, wenn Sie damit gute Erfahrungen gemacht haben. Bedenken Sie aber, dass das Lesen, Verstehen und Sprechen in China noch mal eine ganz andere Anforderung darstellt als eine Reise, die Sie zum Beispiel nach Italien führt. „Ristorante" kann jeder, der auch wirklich gar keine Ahnung von der italienischen Sprache hat, in „Restaurant" übersetzen. Aber mit dem Schriftzeichen "饭店" wird Ihnen das ganz sicher nicht so leicht gelingen. Also berücksichtigen Sie die Anforderungen an die Verständigung bei der Entscheidung, wie Sie eine China-Reise durchführen wollen.

In den Metropolen, also Peking und Shanghai und noch ein paar anderen Mega-Städten, finden Sie ausreichend vieles in englischer Sprache ausgeschildert. Und Sie können einfach die Augen aufmachen und Sie werden das ein oder andere erkennen, oder Sie fragen einfach. Chinesen sind sehr gut ausgebildet, viele, die nicht gerade der Rentnergeneration angehören, haben Englisch gelernt, und die meisten davon sind mehr als hilfsbereit und werden Ihnen gerne und umfassend antworten. Wer die „japanische Zurückhaltung" in der Kommunikation mit Ausländern kennt, wird diese in China nicht vorfinden.

a Mit einer Gruppe reisen – Alles ist organisiert

Über die allgemeinen Vorzüge und Nachteile dieser Reiseform will ich mich nicht auslassen. In Bezug auf China garantiert sie Ihnen, dass Sie das, was allgemeinhin als „wichtige Sehenswürdigkeiten" bezeichnet wird, wirklich sehen werden. Und Sie haben die Chance auf gute Erläuterungen durch den Reiseleiter, der

Sehenswürdigkeit Pauschalreise

Ihnen das Gesehene verständlich macht. Somit wird Ihre Reise bequem und stressarm werden. Mehr aber auch nicht, denn ein Programmpunkt wird an den nächsten gereiht und füllt den Tag, den Abend, die ganzen vierzehn Tage. Diese Reiseform kann ein guter Einstieg sein, um neugierig auf ein Wiederkommen, unter anderen Konditionen, zu werden.

Schauen Sie bei der Auswahl der Optionen darauf, wie oft Flugtransfers zum Programm gehören. Diese nehmen mit Anreise zum Flughafen, Wartezeit, den Flug selbst und der Fahrt vom Flughafen zum Hotel immer mehrere Stunden in Anspruch. Und Fliegen in China ist kein wirklich typisch chinesisches Erlebnis. Fliegen ist weitestgehend so wie überall, und sogar die Luft, durch die chinesische Flugstrecken führen, ist so wie überall. Für die Luft am Boden gilt das freilich nicht. Aber das ist schon eine andere Geschichte.

Verlassen Sie Ihre Reisegruppe wenigstens ab und zu am Abend, essen Sie mit den Chinesen im Imbiss, Restaurant oder bei den Garküchen des Nachtmarktes auf der Straße. Dann erleben Sie wenigstens etwas von dem, was Ihnen das westliche Abendessen im Hotelrestaurant nicht bieten wird.

b Individuell reisen – Mit einem lokalen Tour Guide

Bezogen auf die Größe Chinas gibt es immer noch recht wenige Städte, die von Deutschland aus nonstop angeflogen werden. Wenn Sie aber unsere Nachbarländer als Startpunkt Ihrer Reise mit einbeziehen können, dann kommen Sie in der Regel schon recht nahe an Ihr Reiseziel. Vergessen Sie die üblichen Flugportale im Internet. Die Airlines bieten auf Ihren Internetseiten selbst oft die günstigsten Flüge an. Und seien Sie sich bewusst, was es heißt, mit 2 mal umsteigen insgesamt 18 Stunden unterwegs zu sein, wenn es nonstop auch in 10 Stunden geht. Wollen Sie sich das wegen der Ersparnis von 130 € wirklich antun?

Aufgrund der Recherchen, die Sie vor der Reise gemacht haben, werden Sie sicher eine Art Reiseplan erstellen. Sie sollten es jedenfalls tun. Aber in Anbetracht der vielen fremden Abläufe und der Sprachschwierigkeiten können Sie absolut zufrieden sein, wenn Sie 50–60 Prozent Ihres Planes schaffen.

Es gibt viele Chinesen, die als Tour Guides arbeiten. Studenten, die ihre Sprachkompetenz praktisch beweisen wollen, oder auch Profis, die damit ihren Lebensunterhalt verdienen. Das kann eine interessante Reisealternative sein, insbesondere wenn Sie sich im ländlichen Raum, den es in China im Überfluss gibt, bewegen wollen. Recherchieren Sie im Internet, lesen Sie gründlich die Profile der Guides, nehmen Sie Kontakt auf und klären Sie vor der Reise alle relevanten Details. Also die Reisestrecke, das Besichtigungsprogramm und die Kosten. Diese beinhalten üblicherweise eine Tagespauschale, Transport, Eintrittsgelder, Verpflegung und Unterkunft, sofern der Guide nicht im Ort wohnt. Nein, billig ist diese Art des Reisens nicht, aber sie bietet ein hohes Maß an Flexibilität, viele Informationen aus erster Hand und die Chance auf schöne, vielleicht einzigartige Erlebnisse. Natürlich gibt es auch Sparpotenziale. Das sind entweder geringere Tagespauschalen bei längerem Engagement oder Sie buchen im Ort A einen Guide und im Ort B einen anderen. Dann sparen Sie Reise-

Sehenswürdigkeit mit lokalem Tourguide

und Übernachtungskosten. Guides übernachten übrigens gerne in einfachen, preiswerten Hotels oder in speziellen Zimmern für Reiseführer und Fahrer. Auch rate ich Ihnen, vor der Reise per „wechat" mit dem Guide zu sprechen, ja, ich meine mit ihm zu reden, nicht nur zu schreiben, denn dann erhalten Sie einen unmittelbaren Eindruck von dessen Sprachkenntnissen.

Wenn sich während der Reise herausstellen sollte, dass die Leistungen des Guides nicht dem entsprechen, was Sie vereinbart haben, so können Sie das Engagement jederzeit beenden. Bezahlen Sie dann einfach die erbrachten Leistungen und gehen Sie Ihres Weges. Besser ist es sicherlich, Unstimmigkeiten sofort anzusprechen. Meist lassen sie sich rasch beseitigen und Sie können Ihre Reise voller Neugierde und harmonisch fortsetzen.

c Individuell reisen – Mit organisierten Ausflügen

Wenn Sie sich innerhalb einer Stadt bewegen und einigermaßen selbstständig reisen können, dann brauchen Sie eigentlich keinen Guide. Es sei denn, das Ziel liegt etwas außerhalb, also zum Beispiel die Große Mauer 80 km nördlich von Peking oder die Terrakotta Armee 40 km nordöstlich von Xi'an. Ja, es ist schon möglich, mit öffentlichen Verkehrsmitteln dorthin zu kommen, aber es ist doch zeitaufwendig. Dazu kommen lange Wartezeiten

Sehenswürdigkeit bei organisierten Ausflügen

beim Ticketkauf und generell ein hoher Zeitbedarf, um sich vor Ort zu orientieren. Reisebüros, die sich oft in Hotels oder in den Haupt-Geschäftsstraßen befinden, sind hier eine gute Wahl, um entsprechende interessante Ausflüge zu buchen.

Und wie gestaltet sich ein solcher Tagesausflug? Er beginnt mit dem pünktlichen Abholen am Hotel, weitere Teilnehmer werden in anderen, meist nahegelegenen Hotels eingesammelt und dann geht es auch schon los. Meist in Kleinbussen mit 5 oder 8 oder auch mal 10 Personen, manchmal auch in großen Bussen mit 30 Teilnehmern. Das können Sie aber beim Buchen schon in Erfahrung bringen. Meiden Sie die großen Gruppen! Schon im Bus betreut Sie ein Reiseführer, der immer Englisch kann, viele wichtige und interessante Informationen gibt und auf alle Fragen gerne eingeht.

Vor dem eigentlichen Reiseziel wird oft ein weiterer Ort aufgesucht. Das kann ein Museum sein, eine alte Grabstätte, eine Manufaktur oder Ähnliches. Nach der Besichtigung des Hauptziels macht man Station in einem Restaurant für ein Standard-Mittagessen und auf der Rückfahrt wird ein weiterer Stopp eingelegt. Jadegeschäfte und TCM (Traditionelle Chinesische Medizin)

23

Kliniken sind dabei die Favoriten. Natürlich kann man dort auch einkaufen. Jadegegenstände oder TCM Salben und Kräuter. Wahrscheinlich zu überhöhten Preisen. Aber es ähnelt nicht im Geringsten unseren berüchtigten Kaffeefahrten. Schauen Sie sich ganz entspannt um, lassen Sie sich die Medizin oder die Jade-Figuren erklären. Kaufen Sie etwas, wenn Sie es wollen. Aber niemand wird zum Kauf genötigt, es wird kein Druck auf Sie ausgeübt.

Zur geplanten Uhrzeit wird man am Hotel wieder abgeliefert und man hatte einen interessanten Tag. Auch hier gilt: Wenn Ihnen die Hälfte des Tagesprogrammes gefallen hat, dann war es ein guter Tag.

Ein Aspekt ist noch wichtig, sehr wichtig. Dort, wohin Sie fahren, sind auch andere Menschen unterwegs, viele andere, sehr viele andere. Merken Sie sich, wie Ihr Bus aussieht, am besten das Kennzeichen und den Parkplatz. Machen Sie ein Foto davon. Und merken Sie sich, wie Ihr Guide aussieht und welche Fahne er vor sich herträgt. Form und Farbe. Und folgen Sie ihm. Chinesische Reiseleiter haben immer einen dünnen Stab in der Hand, an dessen Spitze eine Fahne angebracht ist, und sie kennen die Bewegungsart „Schlendern" nicht. Es geht immer zügigen Schrittes voran. Also bitte nicht bummeln, sonst ist die Fahne weg und der Reiseleiter auch. Manchmal werden alle Teilnehmer einer Gruppe mit einer Kappe, für alle in der gleichen Farbe, ausgestattet. Denken Sie gar nicht darin, ob Sie das doof, spießig oder zu touristisch finden. Ziehen Sie sie auf. Es hilft, die Gruppenmitglieder zusammenzuhalten. Natürlich wird keiner zurückgelassen, aber wenn 8 Personen eine halbe Stunde warten müssen, bis Herr Nummer 9 endlich gefunden wird, dann macht das auch keinen Spaß.

Ach ja, buchen Sie solche Ausflüge ein paar Tage im Voraus, damit Sie sicher einen Platz bekommen.

Sehenswürdigkeit individuelle Reise

d Individuell reisen – Selbstständig organisiert

Nun, das wird ein kurzes Kapitel, denn jeder wird gemäß seinem Organisations- und Sprachtalent, seinen Vorlieben und seiner Spontanität eine solche Reise ganz anders planen und durchführen, individuell eben. Die Chance, an einem Tag nicht viel zu „schaffen", ist nicht gering, die Chance etwas wirklich spezifisch Chinesisches zu erleben ist aber riesengroß. Ich ermutige Sie, diese Reiseform in China auszuprobieren. Wenigstens beim zweiten Mal. Es wird sich lohnen.

2 Unterwegs von Ort zu Ort

In China gibt es alle Reisemöglichkeiten und Transportmittel, so wie in vielen anderen Ländern dieser Erde auch, um von einem Ort zum anderen zu kommen. Und es gibt keine Restriktionen, diese zu nutzen. Mit Ihrem Visum können Sie reisen, wie Sie wollen und womit Sie wollen. Ausnahmen gibt es lediglich für bestimmte Provinzen wie Tibet. Das müssen Sie vorab klären, wenn Sie Ihr Visum beantragen.

In diesem Kapitel wollen wir uns also damit vertraut machen, wie Sie von einem Ort zum nächsten kommen. Und es geht, wie ich bereits zu Beginn angedeutet habe, vor allem darum, zu berichten, wie sich das jeweilige Reiseerlebnis von dem, was Sie vor Ihrer China-Reise kennengelernt haben, unterscheidet.

a Durch die Luft – Das Flugerlebnis

Es gibt ein gigantisches Netz an Flugverbindungen, es gibt eine gewaltige Anzahl von Airlines, staatliche und private, es gibt Online-Buchungsmöglichkeiten, Online-Check-in, also alles ganz so wie gewohnt. Die Airline Mitarbeiter am Schalter sprechen Englisch, zumindest einer von ihnen. Lautsprecherdurchsagen auf den Flughäfen gibt es immer auf Chinesisch und auch auf Englisch. Trotzdem versteht man sie oft nicht, was aber nicht an der Sprachkompetenz liegt, sondern zum einen daran, dass chinesische Flughäfen immer voll sind und dass Chinesen immer reden, und zwar laut reden, um nicht zu sagen: Sie schreien. Zum anderen ist die Akustik-Technologie oft mangelhaft, aber das ist sie in Paris, New York oder Sydney auch.

Es gibt zwei Klassen, die sich bezüglich Service und Sitzabstand wenig von europäischen Airlines unterscheiden. Wenn sie sich aber unterscheiden, dann durch den größeren Sitzabstand, obwohl der Durchschnitts-Chinese ja immer noch deutlich kleiner und schlanker ist als der Durchschnitts-Europäer.

Aber worin unterscheidet sich das chinesische Flugerlebnis denn wirklich vom europäischen? Nun es unterscheidet sich zunächst bei der Präsentation der Sicherheitsmaßnahmen kurz vor dem Take-off. Dann nämlich verbeugen sich die chinesischen Flugbegleiter vor den Gästen an Bord. Natürlich ist das Essen an Bord chinesisch und es wäre gelogen, wenn ich sage, dass es gut schmeckt. Bei Inlandsflügen gibt es oft eine Art Brei, der aus viel Wasser und etwas Reis darin besteht und ungewürzt ein absolut neutrales Geschmackserlebnis bietet.

Chinesische Flugbegleiter haben auch eine eigenartige Beziehung zu Speise- und Getränkekarten, denn nachdem sie gleich am Anfang des Fluges die gesamte Bestellung aufgenommen haben, werden sie Ihnen diese Karten sofort wieder wegnehmen. Wenn Sie also vor allem bei den Getränken später ungeplant auch noch etwas Anderes probieren möchten, dann müssen Sie die Karten zurückfordern. Und bei den Weinen können Sie nicht davon ausgehen, dass die Flugbegleiter das gesamte Angebot kennen, und zur Art und Qualität des Weines können Sie sowieso nichts sagen.

Kurz vor der Landung verabschieden sich die Flugbegleiter mit einer weiteren Verbeugung von den Passagieren. Bevor Sie mit Ihren Koffern zum Ausgang gehen können, müssen Sie Ihre Gepäckscheine vorzeigen und ein Flughafenmitarbeiter prüft genau, ob Sie auch wirklich Ihre eigenen Koffer vom Band genommen haben. Deshalb sollten Sie weder die Bordkarte noch die Gepäckbelege vorher wegwerfen.

Ein weiterer Unterschied ist die Häufigkeit der Gepäck- und Personenkontrollen. Es gibt sie nach dem Check-in, aber auch schon beim Betreten des Flughafens. Manche sagen, Sicherheit werde großgeschrieben, andere meinen, die Kontrolle an sich sei der treibende Grund. Nun, wir wollen das nicht weiter erörtern. So ist es eben im Land der Mitte.

Wenn wir nach weiteren Unterschieden suchen, dann sind es die Flughäfen selber. Sie sind ein optischer Genuss, oft sehr neu, sauber, architektonisch anspruchsvoll gestaltet, funktionell und die Orientierung fällt leicht. Manche Städte haben aber mehr als einen Flughafen. Fahren Sie zum richtigen! Und es gibt einen weiteren kleinen Unterschied. Wenn für einen neuen chinesischen Flughafen eine Bauzeit von 4 Jahren geplant ist, dann wird er auch nach 4 Jahren in Betrieb genommen, selbst wenn es der größte Flughafen der Welt werden sollte. Ab wann man von diesem Flughafen nach Berlin fliegen kann, entzieht sich allerdings dem Einfluss chinesischer Planer und Konstrukteure. Es wird nicht am chinesischen Startflughafen scheitern.

Wenn Sie vor dem Flug Zeit zum Einkaufen haben, dann meiden Sie die Standard Duty-free-Shops, gehen Sie lieber in die Geschäfte mit chinesischen Spezialitäten, denn diese finden Sie nur auf chinesischen Flughäfen. Dort erhalten Sie guten Tee, Teegeschirr oder auch Köstlichkeiten wie Mondkuchen. Nehmen Sie doch davon etwas mit.

Bei der Ausreise müssen Sie den zweiten Teil des Einreise-dokumentes vorzeigen. Aber selbst wenn Sie ihn auf der Reise verloren haben, können Sie ihn vor dem Ausreiseschalter noch mal neu ausfüllen. Heften Sie ihn doch mit einer Büroklammer in den Reisepass, dann wird es schon nicht verloren gehen.

b Auf der Schiene – Mit dem „Gaotie"

Ich will schon mal vorwegschicken. Mit dem Zug durch China zu reisen ist ein völlig anderes Erlebnis als eine Fahrt mit der Deutschen Bahn. Die chinesischen Hochgeschwindigkeitszüge, die hier „Gaotie" heißen, sind nahezu täglich ein Thema in den lokalen und nationalen Nachrichten, sei es, dass neue Strecken in Betrieb genommen werden, neue Züge auf die Geleise kommen oder die Uniformen der Zugbegleiter farbenfroher geworden sind. China ist stolz über seine Hochgeschwindigkeitszüge, die über tausende Kilometer nahezu das ganze riesige Land durchqueren. Jedes Jahr wird eine Vielzahl neuer Städte angebunden und die Fahrzeiten werden weiter deutlich verkürzt.

Fahren Sie mindestens einmal mit dem „Gaotie" und lassen Sie dafür lieber eine der Standard-Sehenswürdigkeiten weg. Es wird Sie begeistern. Aber der Reihe nach.

Ticket kaufen

Zunächst brauchen Sie ein Ticket. Ohne Ticket kommt niemand in den Zug, ja nicht einmal in den Bahnhof. Deshalb gibt es auch keine Bußgeldhinweise für Schwarzfahrer, denn diese kann es gar nicht geben.

Chinesen kaufen die Tickets online oder am Schalter. Sie benötigen für Online-Buchungen auf der offiziellen Web-Seite der chinesischen Staatsbahn Ihre Reisepassnummer, Chinesen be-

Gaotie Ticket

nötigen Ihre ID-Karte, die unserem Personalausweis entspricht. Mit der Reisepassnummer können Sie das Ticket aber nicht am Automaten ausdrucken. Deshalb müssen Touristen andere Wege gehen. Es gibt verschiedene Apps, mit denen Sie Tickets online kaufen können. Aber zuhause ausdrucken ist nicht vorgesehen. Also können Sie sich die Tickets für eine kleine Gebühr ins Hotel liefern lassen. Das ist zwar einfach, aber auch langweilig. Alternativ können Sie die so gebuchten Fahrkarten am Bahnhof abholen. Schon spannender, denn Sie müssen den Abholschalter finden und dem Mitarbeiter klarmachen, welche Tickets Sie abholen möchten. Das geht am einfachsten, wenn Sie ihm auf Ihrem Handy die Buchungsbestätigung zeigen. Aber es geht noch besser: Sie verzichten auf Online-Buchung und gehen direkt zum Bahnhof. Dort werden die Tickets oft in einem eigenen Gebäude verkauft. Um dort hineinzukommen, werden an vielen Bahnhöfen schon einmal Personen und Gepäck kontrolliert, so wie wir es beim Einchecken am Flughafen kennen. Bereiten Sie sich vor: Sie müssen dem Fahrkartenverkäufer sagen, von wo nach wo Sie fahren wollen, welche Klasse, dazu Tag und die Abfahrtszeit, oder am besten Sie sagen ihm die Zugnummer. Dann kann nichts schiefgehen, denn die Zugnummer, zusammen mit dem Datum, ist die absolut eindeutigste Information, die Sie geben können. Wenn Sie auf die Hilfe des vorher aufgeschriebenen Textes verzichten wollen, dann sprechen Sie bitte die Ortsnamen sehr exakt, also in den richtigen Tönen, aus, denn viele Orte klingen sehr ähnlich und somit kann Sie ein falsch gesprochener Ton schnell zu einem Ziel führen, zu dem Sie gar nicht wollten. Auch dieses Problem vermeiden Sie, wenn Sie einfach die Zugnummer sagen. Sie können in China kein Ticket in der Art „am Sonntag den 12. Juni von Shanghai nach Peking" kaufen und dann später überlegen, welchen Zug Sie an diesem Tag nehmen wollen. Sie müssen sich vorher für einen ganz bestimmten Zug entscheiden und nur diesen dürfen Sie benutzen. Und der Sitzplatz ist dann immer schon inklusive, weil es Stehplatz-Karten nicht gibt (wenn wir mal die Besonderheiten rund um das Frühlingsfest oder an anderen nationalen Feiertagen außer Acht lassen).

Einen Sitzplatzwunsch brauchen Sie nicht zu nennen, denn die Plätze werden automatisch zugeteilt. Wenn Ihnen der Sitzplatz nicht zusagt, dann haben Sie zwei Versuche, einen besseren zu bekommen, dann aber ist die Lotterie vorbei und der nächste Kunde wird bedient. Und vergessen Sie Ihren Reisepass nicht, denn ohne ihn bekommen Sie keine Tickets. Der chinesische Staat weiß also ganz genau, wer mit welchem Zug fahren will. Ob das gut oder schlecht ist, mag jeder selbst beurteilen. Sie müssen auch nicht lange recherchieren, welche Züge zu welcher Uhrzeit die günstigsten sind. Das Preissystem ist hier sehr viel einfacher als bei uns. Jede Strecke, jede Klasse hat einen einzigen Preis, egal ob Sie am frühen Morgen, Nachmittag oder an Mitternacht, werktags oder am Wochenende fahren. Das ist eines von vielen Elementen, die es China ermöglicht, effizient mit großen Massen umzugehen.

Es gibt mehrere Klassen, die sich im Komfort und Preis unterscheiden. In der 2. Klasse gibt es auf der einen Seite des Ganges zwei Sitzplätze, auf der anderen Seite drei. Der Abstand zwischen den Reihen ist sehr großzügig bemessen. Ich denke, dass für Fahrten bis 3 Stunden diese Klasse durchaus angebracht ist. In der 1. Klasse bietet der „Gaotie" jeweils 2 Sitze links und rechts vom Gang. Die Sitze sind also breiter und der Abstand zum Vordersitz ist noch größer. Außerdem bekommt man auch einen Softdrink und einen Snack. Für lange Strecken ist das Reisen in dieser Klasse äußerst angenehm. Zusätzlich gibt es immer auch einen Waggon mit der Kategorie Business-Klasse. Diese ist bei Weitem komfortabler als die Businessclass im Flugzeug, aber auch deutlich teurer als 1. Klasse Sitze. Wie gesagt, beim Buchen müssen Sie sich für eine Klasse entscheiden.

Wenn Sie den Verkaufsraum betreten, werden Sie erst einmal schockiert sein, denn Sie finden sehr viele Schalter vor und vor jedem stehen sehr viele Menschen, die dort in geordneten Schlangen warten. Über den Schaltern hängt eine riesige Tafel, die alle verfügbaren Tickets für alle Züge der nächsten Tage anzeigt. Mit etwas Erfahrung kann man diese Anzeigen verstehen, aber der Neuling unter den Bahnfahrern in China braucht dieser Tafel nicht allzu viel Aufmerksamkeit zu schenken. Genaugenommen kann man nicht an allen Schaltern Tickets kaufen. Manche sind nur für den Umtausch vorgesehen, andere nur zur Ausgabe vorreservierter Tickets. Wie finden Sie also die richtige Schlange, in die Sie sich einreihen müssen? Entweder Sie beobachten vorher, wo andere Personen Tickets kaufen, oder Sie stellen sich einfach in irgendeine Schlange. Als Ausländer werden Sie immer ein Ticket bekommen, und irgendwo an den vielen Schaltern sitzt auch jemand, der etwas Englisch kann. Er wird dann schnell zu Hilfe gerufen, wenn Ihr Verkäufer nicht mehr weiter weiß. Machen Sie sich schließlich noch mit der Fahrkarte vertraut. Die wichtigen Informationen sind auch in für uns lesbaren Worten und Zahlen aufgedruckt, Abfahrts- und Ankunftsort, Zugnummer und Datum sowie der reservierte Platz mit Waggon- und Platznummer.

Wie Sie sicherlich erahnen, ist der Prozess des Kaufens eines Tickets natürlich für alle anderen Zugkategorien der gleiche.

In den Bahnhof gehen

Niemand kann einfach so in den Bahnhof gehen oder gar direkt zum Bahnsteig. Sie müssen Ticket und Reisepass vorzeigen, um in das Bahnhofsgebäude zu gelangen, denn beides wird schon an der Eingangstür kontrolliert. Dazu wird das Gepäck gescannt und die reisenden Personen selbst werden auch kontrolliert. Alles also sehr viel geordneter, als wir das kennen. Wenn Sie sich von Freunden vor der Fahrt verabschieden wollen, dann müssen Sie das schon vor dem Bahnhofsgebäude machen. Einen Abschiedskuss auf dem Bahnsteig oder das Winken am Bahnsteig, bis der Zug langsam hinter dem Bahnhof verschwindet, das alles geht in China nicht.

Die Bahnhöfe sind sehr sauber, sehr elegant, der Boden glänzt und die großen Fensterfronten füllen ihn mit warmem, hellem Licht. Ganz wichtig ist, dass die Orientierung extrem leichtfällt und

| 车次 | 终到站 | 开点 | 检票口 | 状态 |
Train	To	Departs	CheckIn	State
G2355	宁波	12:50	5A	正点
G1348	上海虹桥	12:55	18A	正点
G1965	温州南	12:55	13B	正点
G7511	温州南	12:56	22	正点
G7678	合肥南	12:58	2	正点
D3102	上海虹桥	13:00	17	正点
G7345	苍南	13:00	9A	正点
D3207	厦门北	13:02	24	正点
G1386	上海虹桥	13:07	15A	正点
G57	宁波	13:07	11	正点
G7591	温州南	13:07	21	正点

上海铁路局客户服务中心热线：12306

Im Bahnhof – Anzeigetafel

wenn Sie einmal die Struktur eines Bahnhofs verstanden haben, dann werden Sie am nächsten Ort kaum vor eine neue Herausforderung gestellt, denn das grundlegende Layout ist überall sehr ähnlich. Die Unterschiede treten zuallererst an der Architektur der Außenfassade zu Tage. Von unten nach oben sieht die Grundstruktur wie folgt aus: Im Tiefgeschoss befinden sich Parkplätze, Taxis und U-Bahn, darüber die Ankunftsebene, dann folgt der Eingangsbereich mit Geschäften und ganz oben befindet sich der Wartebereich für die Abfahrt.

Sie werden nicht der einzige Reisende sein. Also stellen Sie sich bitte darauf ein, dass die Bahnhöfe sehr, sehr voll sind und dementsprechend laut. Das macht es nicht so einfach, die Lautsprecheransagen zu verstehen (Sie erinnern sich an das gleiche Problem in den Flughäfen?). Wenn Sie die Kontrollen passiert haben, stehen Sie vor einer oder mehreren riesigen Anzeigetafeln, auf denen alle Züge aufgeführt sind. Suchen Sie dort Ihre Zugnummer und gucken Sie, welcher Wartebereich und Bahnsteig Ihrem Zug zugeordnet ist. Sie sehen das deutlich. Also „18, B" bedeutet dann, dass Sie am Bahnsteig 18 abfahren und dass Sie im Wartebereich „B" auf Ihre Abfahrt warten sollen. Diese Informationen finden Sie sowohl auf dem Ticket als auch über dem Ausgang zum Zug. Natürlich können Sie im Bahnhof essen oder irgendetwas kaufen

Im Bahnhof – Wartehalle

oder sich einfach damit die Zeit vertreiben, dem Geschehen ein wenig zuzuschauen. Sie können auch davon ausgehen, dass die Züge, zumindest die „Gaotie", pünktlich sind. Aber Sie können nicht dann auf den Bahnsteig gehen, wenn Sie dazu Lust verspüren, sondern erst, wenn dafür die Türen geöffnet werden, also genau so wie auf dem Flughafen.

Sie mögen die oft gewaltigen Dimensionen der Bahnhofshallen für Gigantismus halten, denn trotz der vielen Menschen ist immer noch sehr viel freier Platz vorhanden. Wenn Sie aber einmal rund um das Frühlingsfest das Glück haben, ein Bahnticket zu ergattern, dann werden Sie feststellen, dass selbst die größten Bahnhofshallen aus allen Nähten platzen.

Endlich Einsteigen

Schauen Sie auf Ihre Fahrkarte. Dort steht leicht lesbar, in welchem Waggon Sie welchen Sitz haben. Die neuen modernen Bahnhöfe haben immer zwei Zugänge, genauer gesagt Abgänge zum Bahnsteig. Dort ist jeweils angezeigt, zu welchem Waggon man über welchen Zugang am schnellsten kommt. Über dem Zugang zum Bahnsteig steht dann etwa „A 1–9" oder „B 10–16", wobei die Ziffern den Waggonnummern entsprechen. Gehen Sie zu dem Bahnsteig-Zugang, der für Ihren Waggon vorgesehen ist. Das verkürzt den Weg zum Platz erheblich.

Erst ziemlich kurz vor der Abfahrt, oft erst 10 Minuten vorher, gehen die Türen zum Bahnsteig auf. Also nicht nervös werden. Auch wenn die Schlange der Wartenden mittlerweile 30 Meter lang sein sollte, so wird doch jeder rechtzeitig im Zug sein, denn Chinesen wissen perfekt, wie man mit großen Menschenmengen umgeht. Wieder muss die Fahrkarte vorgezeigt oder elektronisch gelesen werden, dann gehen Sie die Treppe hinunter oder Sie nehmen die Rolltreppe oder den Fahrtstuhl. All das ist immer vorhanden. Auf dem Bahnsteig sind die Wagennummern auf dem Boden aufgemalt und genau in Höhe der jeweiligen Ziffer wird die Tür sein, durch die Sie den Zug betreten. Genau dort und nicht 3 Meter weiter vorne. Und die bei uns erstaunlicherweise extrem häufig vorkommende „Änderung der Wagenreihenfolge" müssen Sie auch nicht befürchten. Chinesische Züge haben die Wagen übrigens ganz schlicht durchnummeriert. Also 1, 2, 3 und so weiter. Warum hat die Deutsche Bahn eigentlich Waggons mit den Nummern 12, 18, 252? Die chinesischen „Gaotie" sind deutlich länger als deutsche ICEs. 16 Waggons sind die Standardkonfiguration. Die Geleise befinden sich tief unterhalb des Bahnsteigs-Levels und somit ist das Einsteigen sehr bequem und barrierefrei, weil Sie keine Stufen mehr überwinden müssen.

Elegant und mit leisem Surren nähert sich der weiße stromlinienförmige Zug dem Bahnsteig, und er kommt zum Stehen ohne das ohrenbetäubende Quietschen, mit denen die Züge der Deutschen Bahn zum Stillstand gebracht werden. Steigen Sie ein und gehen Sie zu Ihrem Platz. Über den Sitzen steht die Sitzplatznummer, aber es gibt keine Schilder, die auf eine Reservierung hinweisen, was ja auch nicht nötig ist, weil alle Plätze reserviert sind. Stauraum für Gepäck gibt es entweder über den Sitzen in den Ablagefächern oder am Anfang und Ende eines Waggons. Über den Sitzen platzieren Sie bitte keine Koffer oder Taschen, die dafür zu groß sind, denn bei der ersten Inspektionstour eines „Gaotie-Mitarbeiters" wird er Sie ultimativ auffordern, solche Gepäckstücke sofort herunterzunehmen und anderswo zu lagern. Falls schon jemand auf Ihrem Platz sitzen sollte, dann halten Sie ihm einfach Ihre Fahrkarte unter die Nase und schnell wird Ihr Platz frei sein. Machen Sie es sich bequem und genießen Sie den Blick durch die frisch geputzten Scheiben.

Gaotie am Bahnsteig

Ach ja, draußen, in Höhe der Türen stehen meist immer auch Bahnmitarbeiter. Wenn Sie also ganz auf Nummer sicher gehen wollen, dann zeigen Sie ihr Ticket noch mal vor. Der gesamte Einsteigeprozess geht immer sehr flott, denn die Aufenthaltsdauer des Zuges beträgt selten mehr als 3 Minuten.

Unterwegs im „Gaotie"

Es wird pünktlich losgehen, sehr pünktlich, und ganz ruhig und es wird schnell, sehr schnell. Im Display über der Waggontür werden einige Informationen eingeblendet, unter anderem die Geschwindigkeit. 200 km/h sind das mindeste, was Sie erwarten können, 300 km/h sind nicht unüblich und selbst 350 km/h werden schon erreicht.

Die Reisegeschwindigkeit wird in wenigen Minuten erreicht und wenn Sie sehen, wie locker die Autos auf einer parallel verlaufenden Autobahn passiert werden, dann merken Sie, dass die Anzeige im Display auch real ist.

Wenn Sie Glück haben, können Sie die Fahrt ganz entspannt genießen, wenn Sie Pech haben, ist es ziemlich laut im Zug. Na ja, wahrscheinlich werden Sie Pech haben.

Der Lärm wird nicht vom Zug selbst produziert, sondern von den Fahrgästen, denn diese telefonieren lange und laut, unterhalten

Gaotie – Geschwindigkeitsanzeige

sich über drei Reihen hinweg mit Bekannten und Unbekannten, oder das Kindergeschrei wird Sie am Schlaf hindern. Sehr beliebt ist auch das Anschauen von Videos, allerdings ohne Kopfhörer, sodass alle Personen im Umkreis von 10 Metern zumindest den Ton des Films mitverfolgen können. Hinzu kommen die pausenlosen Töne, die den Eingang einer neuen „wechat" Nachricht signalisieren. Es ist eben China, das Land, in dem kommuniziert wird, das Land, in dem es wenig Rücksicht auf die Befindlichkeiten der Mitreisenden gibt.

Stören können auch die langatmigen Durchsagen vor und nach jedem Halt. Jedes Mal wird in langen Sätzen aufgeführt, was Sie während der Fahrt alles nicht machen sollen oder nicht machen dürfen. Wahrscheinlich werden Sie die meisten dieser Durchsagen nicht verstehen, denn nur einige davon werden ins Englische übersetzt. Also verhalten Sie sich im „Gaotie" so, wie Sie sich im ICE verhalten, dann werden Sie kaum Probleme mit den chinesischen Vorschriften bekommen. Nur das Gepäck sollten Sie so verstauen, wie ich weiter vorne beschrieben habe.

Haben Sie schon einmal versucht, im deutschen ICE entspannt den Arm auf die Fensterbank zu legen? Das klappt nicht, weil diese immer abgeschrägt ist. Warum sind sie das wohl? Es mögen Design-Gründe oder physikalische Überlegungen sein, die uns diese kleine Bequemlichkeit zuhause vorenthalten. Im „Gaotie" sind die Fensterbänke flach und breit und daher kann der Arm dort bequem ruhen, alternativ können Flaschen und Dosen abgestellt werden und Sie können den Test mit der hochkant aufgestellten Münze machen. Sie wird erst umfallen, wenn sich der Zug in einer Kurve nach innen neigt. Probieren Sie es einmal. 20 Sekunden, 30 Sekunden. Wer schafft es am längsten?

Sie können ganz locker lesen, ohne immer den Finger auf die jeweilige Zeile zu halten, um nach dem ständigen Rucken in deutschen Zügen an der richtigen Stelle weiterzulesen, denn der „Gaotie" fährt schlicht und einfach ruhig und wackelfrei, das Überfahren von Weichen werden Sie nicht spüren und selbst das Zusammentreffen mit dem Gegenzug bei Tempo 300 sorgt nur für einen kurzen Luftzug. Auch das, was Sie während der Fahrt schreiben, können Sie später problemlos entziffern, es sei denn, Ihre Handschrift selbst verhindert das.

Wenn Sie einen Spaziergang durch den Zug machen wollen, dann müssen Sie sich dafür nicht, wie beim IC oder ICE, mit beiden Händen festhalten, um in der Balance zu bleiben. Sie können ganz normal gehen, wie auf einer deutschen Straße, und Sie werden nicht umfallen, Sie genießen darüber hinaus Rundumversorgung. Immer wieder kommen Angestellte vorbei, um Essen und Trinken zu verkaufen, spätestens alle 30 Minuten wird der Müll eingesammelt. In jedem Waggon gibt es heißes Wasser, mit dem Sie Ihre Teeblätter erneut überbrühen oder Sie sich eine der typisch chinesischen Instant-Nudelsuppen zubereiten können. Auch die Toiletten können Sie ohne Skrupel benutzen. Sie sind großräumig angelegt und werden in kurzen Abständen gereinigt.

Im „Gaotie" fährt man übrigens immer vorwärts, denn falls einmal die Richtung in einem Bahnhof geändert wird, dann treten Sie einfach auf ein Pedal unter der Sitzbank und drehen diese um 180 Grad. So einfach geht das. Eine Fahrkartenkontrolle im Zug gib es selten.

Ankommen und Weiterreise

Sanft und ohne großes Ruckeln fährt der „Gaotie" in den Bahnhof ein. Keine Sorge, Sie werden rechtzeitig und auch auf Englisch über Lautsprecher und im Display über die nächste Ankunft informiert. Die chinesische Durchsage der nächsten Ankunft ist allerdings in einen Werbeslogan eingebunden, ein weiteres interessantes kommunistisches Phänomen. Es kann dann folgendermaßen lauten: „In wenigen Minuten erreichen wir, mit freundlicher Unterstützung des Küchengeräteherstellers xzy, Xiamen Nord." Auf dem Bahnsteig angekommen folgen Sie einfach dem „Exit"-Schild oder den anderen Reisenden und Sie erreichen sicher den Ausgang. Natürlich werden Sie in den großen Bahnhöfen auch nicht mit den Leuten zusammenstoßen, die im Bahnhof warten, weil es immer separate Ausstiegsbereiche gibt. Kurz vor Verlassen des Bahnhofes müssen Sie Ihr Ticket wieder vorzeigen, also bitte nicht schon vorher wegwerfen. Natürlich können Sie den Bahnhof auch ohne Ihr Originalticket verlassen, aber dafür müssen Sie dann am Serviceschalter ein Ersatzticket zum Originalpreis erwerben. Immerhin gib es kein Bußgeld als Extra obendrauf. Bei Ausländern werden aber meist beide Augen zugedrückt und das Tor zur Stadt wird Ihnen auch ohne Ticket geöffnet.

Direkt hinter dem Ausgang finden Sie dann alle zur Verfügung stehenden Transportmittel für die Weiterfahrt. Also U-Bahn, Bus und Taxi. Was Sie dort erwartet, erfahren Sie später.

Sie haben es schon vor der Abfahrt bemerkt, dass „Gaotie" Bahnhöfe oft weit außerhalb des Stadtzentrums gelegen sind. Sofern eine U-Bahnstation vorhanden ist, geht es einfach und rasch weiter, wenn Sie aber mit Taxi oder Bus ins Zentrum müssen, kann es schon ziemlich lange dauern. Hochgeschwindigkeit wird also nur von Bahnhof zu Bahnhof angeboten. Wenn Sie kein beliebig großes Reisebudget haben, dann verzichten Sie auf die Bahnhof-Taxis, besonders in den Nachtstunden, denn dann werden unverschämt hohe Preise verlangt.

c Auf der Schiene – Mit dem Nachtzug

Lassen Sie uns noch einen kurzen Blick auf eine weitere Kategorie der Langstreckenzüge werfen, die meist zwischen 10 und 30 Stunden unterwegs sind. Man kann durchaus von einer Nostalgiereise sprechen, wenn Sie einmal eine Nacht und einen Tag in einem solchen Zug erlebt haben.

Ticketkauf, zum Bahnhof gehen, einsteigen und den Platz finden unterscheiden sich natürlich nicht vom „Gaotie" Prozess, aber wenn Sie den Zug betreten, sehen Sie den Unterschied sofort. Erfahrene Chinareisende sehen ihn auch schon beim Blick auf

Im Nachtzug – Hardsleeper

die Fahrkarte. Denn dort stehen nicht Waggon und Sitzplatznummer, sondern Waggon, Abteil und Bettnummer.

Für diejenigen, die keine 24 Stunden auf einer, zugegebener-
maßen extrem preiswerten, Holzbank sitzen wollen, bietet sich die
Wahl zwischen „Hard Sleeper" und „Soft Sleeper". Ein „Hard-
Sleeper" Waggon hat Abteile mit jeweils 6 Betten, 3 übereinander
auf der linken Seite, 3 auf der rechten Seite. Es gibt dort schon
Matratzen, aber diese sind wirklich dünn und hart. Darüber hinaus sind die Abteile zum Gang offen und Sie hören natürlich alles
aus der nahen und fernen Nachbarschaft. Und wenn Sie im Schlaf
einmal kurz hochschrecken, dann stoßen Sie schnell an das über
Ihnen angebrachte Bett. „Soft-Sleeper" Abteile hingegen haben nur
4 Betten, 2 links, 2 rechts, sehr angenehme Matratzen, Kopfkissen
und Zudecke, ausreichend Stauraum für die Koffer von 4 Personen,
eine abschließbare Tür zum Gang und eine Klimaanlage, über
die Sie die Abteiltemperatur zumindest etwas regulieren können.
Kurzum, im „Soft-Sleeper" ist das Abteil der Kommunikations-
raum, im „Hard-Sleeper" ist es der ganze Waggon.

Die Fahrt beginnt also mit dem Finden des richtigen Bettes. Auch
hier hilft ein Blick auf die Fahrkarte. Die meisten Leute, die mit

dem Nachtzug reisen, haben viel Gepäck dabei und deshalb muss man geschickt über Koffer, Wäschebündel und manchmal auch über sorgfältig zusammengebundene Hühner steigen. Mein Rat ist es, erst mal zu seinem Bett zu gehen und dort zu warten, bis alle Fahrgäste ihren Platz gefunden haben. Dann kann man in Ruhe sein Gepäck verstauen und mal kurz durch den Waggon gehen und gucken, wer sonst noch so alles mitfährt. Zeit ist ja genug vorhanden.

Schon kurz nach der Abfahrt wird die Zugbegleiterin Ihres Waggons zu Ihnen ins Abteil kommen, Sie wird Ihnen Ihre Fahrkarte wegnehmen und eine Art Ersatzkarte in die Hand drücken. Keine Sorge, das ist ok. Denn die Dame hat ein kleines Buch mit einer Doppelseite für jedes Abteil und dort wird sie Ihr Ticket an der richtigen Stelle hineinstecken. Warum macht sie das? Ganz einfach, sie weiß damit, wer an welcher Station aussteigen will und um wie viel Uhr das sein wird. Und es gehört zu ihrem Job, die Reisenden 15 Minuten vor Ankunft zu wecken. Sie können also ganz ruhig schlafen und brauchen auch keinen Wecker zu stellen.

In den „Hard Sleeper" Waggons wird es nachts nie richtig ruhig, im „Soft Sleeper" schon. Hoffentlich haben Sie das Glück, Chinesen in ihrem Abteil zu haben. Wenn es noch Tag ist, dann versuchen Sie doch, mit ihnen eine Unterhaltung zu führen. Zeit haben Sie ja genügend und ein Wörterbuch hilft für den Austausch von einigen Sätzen. Oft wird Ihnen auch etwas zum Essen oder Trinken angeboten. Nehmen Sie es bitte an, wenigstens eine kleine Menge. Keine Sorge, es wird schon irgendwie genießbar sein.

Wenn dann die Nacht hereinbricht, bereiten sich die Chinesen schnell aufs Schlafen vor. Die Tee-Thermoskanne wird frisch aufgefüllt auf den Tisch unterhalb des Fensters gestellt, vielleicht noch etwas zum Essen daneben, viele ziehen sich einen Schlafanzug oder Jogginganzug an und dann wird das Licht gelöscht.

Mancher macht sich vielleicht Sorgen um das Gepäck, wenn man tief schläft. In China sind diese Sorgen eigentlich unbegründet, aber wer auf Nummer sicher gehen will, der legt einfach einen kleinen Beutel mit den Wertgegenständen unter das Kopfkissen und genießt die chinesische Nacht ohne Angst um sie.

Der Zug rattert in gemütlichem Tempo, also verglichen mit dem „Gaotie", durchs Land. Je nach topografischer Gegebenheit schleicht der Zug mal mit Tempo 80 durch die Berge, aber es können auch 150 Kilometer sein, wenn es das Gelände zulässt, die Sie in der Stunde zurücklegen. Sie werden vielleicht ab und zu mal kurz wach, wenn die Bremsen vor der Einfahrt in den nächsten Bahnhof quietschen. Dazu leises Murmeln im Gang, etwas lauter auf dem Bahnsteig, aber da ist doch immer der Charme der Nacht, der Gelassenheit, der Müdigkeit, gepaart mit Neugier. Und wenn Sie ganz viel Glück haben, dann wird die Landschaft in sanftes warmes Mondlicht getüncht, Sie liegen gemütlich und entspannt unter der Decke und Ihre Augen werfen hin und wieder einen Blick nach draußen, vielleicht auch auf die schlafenden Mitreisenden. Das laute China kann doch auch ganz sanft sein.

Sollten Sie Hunger oder Durst verspüren und keine Vorräte dabeihaben, dann stellt das kein großes Problem dar, denn auch hier wird in kürzesten Abständen ein Zugbegleiter mit entsprechendem Angebot vorbeikommen. Aber Sie müssen dazu schon hinaus auf den Gang gehen, und bitte ohne Ihren Mitreisenden einen ordentlichen Tritt zu versetzen, wenn Sie von der oberen Liegestätte herabklettern. Alternativ können Sie auch ein Schnäppchen bei den Händlern, die es auf den Bahnsteig geschafft haben, machen.

Oft ist es genau der Moment des Tiefschlafes, wenn es dann ganz plötzlich laut wird. Die Schaffnerin öffnet die Abteiltür, weckt Sie, gibt Ihnen Ihre Originalfahrkarte und murmelt Ihnen Ihre Ankunftszeit ins Ohr. Jetzt heißt es, schnell wach zu werden, sich anzuziehen, das Gepäck zusammenzupacken und in Richtung Ausgang zu marschieren. Vergessen Sie nicht, einen Abschiedsgruß für Ihre Mitreisenden zu hinterlassen. Aber wenn diese noch schlafen, dann versuchen Sie, sie nicht zu stören, denn trotz des chinesischen Überall-Lärms freuen diese sich auch über ihren erholsamen Schlaf.

Vorne im Waggon gibt es ein Waschbecken, gut genug für ein paar Wasserspritzer ins Gesicht oder sogar zum Zähneputzen, dann geht es hinaus, zurück ins Leben. Und wenn der Tag schon graut, dann wird es schnell wieder laut und voll. Sie sind immer noch in China.

Exkurs – Zugtoiletten

Je länger die Fahrt dauert, umso größer ist die Wahrscheinlichkeit, dass Sie auch mal zur Toilette müssen. Vielleicht haben Sie schon viele der Horrorgeschichten über chinesische Zug-Toiletten gelesen. Vergessen Sie diese, denn wer muss, der muss! Aber ich kann Sie erst einmal beruhigen. Die Toiletten im „Gaotie" sind mindestens so sauber wie im deutschen „ICE", wesentlich geräumiger, und sie werden regelmäßig, will heißen im Abstand von 1–2 Stunden, gründlich geputzt. Und es sind „Western-Style" Toiletten, also ganz so wie zuhause. In den langsameren und preiswerteren Nachtzügen gibt es nicht immer „Western-Style" Toiletten und geputzt wird auch nicht so häufig oder auch gar nicht. Wie auch immer, wenn Sie müssen, dann werden Sie es meistern. Es ist übrigens keine ganz schlechte Idee, etwas Toilettenpapier im Gepäck zu haben. Und wenn Sie ganz schlau sind, dann üben Sie zuhause schon einmal die chinesische Hocktechnik. Das wird den Toilettenbesuch sehr erleichtern. Später werde ich näher auf diese Hocktechnik eingehen.

d Auf der Straße – Mit dem Fernbus

Es gibt eine schier unendliche Anzahl von Bussen, die über große Entfernungen Orte miteinander verbinden. Im Grunde genommen gibt es da nicht allzu viele Besonderheiten. Man kauft die Tickets, unter Vorlage des Reisepasses, am Busbahnhof, und zwar maximal 7 Tage vor dem geplanten Reisetag. Den richtigen zu finden kann allerdings schon einmal recht schwer sein, weil es in jeder größeren Stadt immer mehrere Busbahnhöfe gibt. Vor dem Einsteigen werden auch hier die „Flughafen-Sicherheitskontrollen" durchgeführt. Die Ausgangstüren zu den Bussteigen sind durchnummeriert, Abfahrtszeit und Zielort werden angezeigt und der Bus steht dann direkt hinter dem Ausgang. Koffer dürfen nicht in den Innenraum des Busses, sondern gehören in die Gepäckfächer unten im Bus. Wenn Sie früh genug buchen, dann reservieren Sie die erste Sitzreihe auf der rechten Seite, denn von dort haben Sie freie Sicht nach vorne. Es herrscht Anschnallpflicht auf den Sitzen, die nicht anders sind als hierzulande, also nicht schmaler und auch nicht mit weniger Beinfreiheit. Der Ton, mit dem der Fahrer die Passagiere zum Anschnallen auffordert, kann durchaus militärisch laut und befehlend sein. In der Regel laufen auf dem Bildschirm vorne im Bus irgendwelche Filme mit heroischen, blutigen Kampfszenen oder es werden Arien geschmettert, die

Im Busbahnhof

den Ruhm der Nation und der Partei huldigen. Alle 2–3 Stunden gibt es einen Stopp an einer Raststätte. Wenn Sie müssen, dann benutzten Sie hier die Toiletten. Das wird auch nicht immer ein Vergnügen sein, aber allemal besser als die Bustoilette, falls es diese überhaupt gibt.

An jeder Raststätte gibt es mindestens einen Laden, um das zu kaufen, was Sie für unterwegs benötigen. Und außerdem werden Sie eine große Auswahl zum Essen finden, das direkt neben den Bussen frisch zubereitet wird. Nehmen Sie eine Schale und genießen Sie es. Wenn Sie gelenkig genug sind und Ihr Bauchumfang es zulässt, dann können Sie es sich sogar auf einem der Plastik-Miniaturhocker bequem machen.

Auf den Rastplätzen stehen, wie sollte es in China anders sein, immer sehr viele Busse. Deshalb sollten Sie sich irgendwie merken, in welchen Sie 15 Minuten später wieder einsteigen müssen. Seien Sie pünktlich, denn der Fahrer will ja weiterfahren. Meist überprüft er die Anzahl der Insassen nach der Rast und er wird schnell merken, wenn der Ausländer fehlt. Er wird warten, vielleicht auch nach Ihnen suchen, aber natürlich nicht ewig. Und wenn Sie nirgendwo auftauchen, dann bleibt Ihr Platz bei der Weiterfahrt eben frei.

Manche Busse haben sogar richtige Liegesitze, aber alles in allem ist es doch deutlich unbequemer, als mit dem Zug zu reisen. Deshalb will ich auch nicht noch mehr darüber berichten.

Die Busfahrt endet an dem auf der Fahrkarte angegebenen Busbahnhof. Wie gesagt, es gibt oft mehrere davon und viele liegen außerhalb des Stadtzentrums. Die Fahrkarten werden am Ziel-Busbahnhof selten kontrolliert. Taxis für die Weiterfahrt gibt es immer, Stadtbusse auch. Und die U-Bahn? Na ja, das hängt einfach von der jeweiligen Stadt ab.

Noch ein kleiner Tipp: Springen Sie nicht hektisch in das nächstbeste Taxi, denn das kann unnötig teuer werden, weil die Taxifahrer natürlich auf die Touristen spekulieren, die ganz unruhig sofort nach der Ankunft weiterwollen. Orientieren Sie sich erst einmal in Ruhe und fahren Sie dann weiter. Die 5 Minuten, die Sie dabei verlieren, sichern Ihnen Einsparungen für ein schönes Abendessen.

e Auf dem Wasser – Mit dem Schiff

Es wird nur wenige Gelegenheiten geben, mit einer Art Linien-Schiffsverbindung durch China zu reisen, aber eine Fahrt auf dem Yangtze Fluss gehört zum Programm vieler Veranstalter und Sie können die Fahrt auch individuell buchen. Damit verbinden Sie gewissermaßen einen Transportweg mit einer Sightseeingtour. Die Standardtour beginnt in Chongqing und endet in Yichang. Sie können im Internet ausführlich über die Sehenswürdigkeiten entlang der Route nachlesen und sich über das Layout der Flussschiffe informieren, was Sie dort aber nicht finden, sind Berichte über das Leben an Bord. Also lassen Sie es mich schildern.

Das Erste, was Sie auf dem Schiff erleben, ist die Rezeption, an der Sie wie im Hotel einchecken. Wenn Sie früh genug Ihre Kabine bezogen haben, dann gehen Sie noch einmal zurück an Land, bleiben Sie aber in der Nähe der Anlegestelle und schlendern Sie durch die engen Gassen. Sie werden über Berge von Kartons, Kisten, Verpackungen stolpern, dutzende schlanke, schmächtige Männer werden vor Ihren Füßen herumlaufen und Unmengen von Waren auf die Boote und Schiffe bringen oder von dort zu den Geschäften. Hier erfahren Sie noch, wie der Transportweg Wasser für den Warenumschlag genutzt wird. Die Arbeiter hier werden die Touristen nicht wirklich wahrnehmen, weil sie ihren Knochenjob im Akkordtempo erledigen müssen. Deshalb sollten Sie Ihnen auch nicht im Weg stehen, wenn Sie Ihre Fotos machen.

Kaufen Sie sich in einem Laden, nicht auf dem Schiff, ein paar Snacks und eine Flasche Wein. Damit können Sie den Abend auf dem Balkon, der zu jeder Kabine gehört, entspannt genießen.

Zwei Personen haben dort genug Platz. Nehmen Sie Ihr Glas in die Hand, wenn das Schiff am Abend ablegt und sich an dem imposanten Lichtermeer der Riesenmetropole Chongqing vorbei langsam in die dunkle Nacht bewegt. In der Dunkelheit bleibt Ihnen noch verborgen, was Sie am nächsten Morgen sehen werden. Das Flusswasser ist nämlich übersät mit Müll, Holz, Papier. Gott sei Dank aber kein Müll von der stinkenden Sorte, doch genug, um das Image der romantischen Flussfahrt schnell zu zerstören.

Die Yangtze Schiffe sind modern und komfortabel eingerichtet und bieten allerlei Unterhaltung, aber auch die Chance auf unerwartete Erlebnisse. Sie haben mehrere Decks, darunter ein Promenadendeck, eines für Veranstaltungen, Kino und private Räume für das Mah-Jongg Spiel. Was auch immer auf der Fahrt interessant sein könnte, auf Dauer ist es für Chinesen nicht interessant genug, um 3 Tage auf dieses so beliebte Spiel zu verzichten.

Im Speisesaal steht eine Unmenge von großen runden Tischen mit Platz für jeweils 10–12 Personen. Sie werden dort einen festen Platz haben, den man Ihnen beim ersten Besuch im Restaurant zeigt. Die Qualität des Essens ist, sagen wir mal so, unspektakulär. Aber Sie werden satt davon und irgendetwas Schmackhaftes wird immer dabei sein. In der Regel bedienen Sie sich am Buffet. Wie an vielen anderen Orten der Welt auch sind die Platten mit den besten Speisen schnell leer geräumt und vieles davon bleibt dann später leider auf den Tischen liegen. Keine Sorge, leere Platten werden aber nachgefüllt, und wenn das mal nicht der Fall sein sollte, dann bitten Sie jemanden vom Personal, es zu tun. Und es wird getan. Wenn Sie mit einer Gruppe reisen, dann sitzen Sie an einen Gruppentisch. Wenn Sie alleine oder zu zweit unterwegs sind, dann sitzen Sie inmitten chinesischer Touristen. Das kann ziemlich langweilig sein, weil sich niemand für Sie interessiert, oder auch das Gegenteil davon. Reden Sie mit den anderen, gleich von Anfang an, dann werden sogar die Mahlzeiten eine Bereicherung.

Jedes Schiff hat neben der technischen Crew eine weitere Mannschaft, die für alles zuständig ist, was im weitesten Sinne als

Unterhaltung bezeichnet werden kann. Das sind zum einen die Vorstellung des Kapitäns und der Offiziere beim Captain-Empfang, die Sicherheitseinweisung, Quizveranstaltungen, Mode- und Gesangsshows und dergleichen mehr, zum anderen sind es die Ausflüge, die zu den nahegelegenen Sehenswürdigkeiten führen.

Wenn Sie an einer Empfehlung interessiert sind, dann rate ich Ihnen, mindestens einmal eine Bordveranstaltung zu besuchen. Erstens sind die Aufführungen künstlerisch gar nicht so schlecht und zweitens bekommen Sie einen guten Eindruck über die Vielfältigkeit der Aktivitäten, die jedes einzelne Crewmitglied beherrscht. Die Crew wird sich freuen, wenn sie Ihren Beifall erhält, denn sie hat wirklich einen sehr harten Job. Die Unterhaltungsshows sind nur eine Ihrer Aufgaben. Tagsüber arbeiten sie in der Küche, an der Rezeption, als Reinigungskraft oder sind in irgendeiner anderen Funktion tätig. Mit anderen Worten, der Begriff des 8-Stunden Arbeitstages wird ihnen äußerst fremd sein. Die Crew ist ein eingespieltes Team, meist für ein halbes Jahr zusammen, flussauf, flussab. Erst dann haben Sie ein paar Tage frei, um Ihre Familien zu sehen.

Was die Ausflüge angeht, so sollten Sie gleich zu Beginn der Schifffahrt das Programm studieren und sich anmelden, soweit es erforderlich ist. Auf dem Programm stehen dann Tempelanlagen, Pagoden, Gärten, Nebenarme des Yangtze mit den engen, steilen Schluchten und Ähnliches. Die Ausflüge beginnen meist unmittelbar nach einer Mahlzeit, also im Speiseraum. Nehmen Sie dorthin bereits alles mit, was Sie für die ein oder zwei Stunden benötigen, denn Sie werden keine Zeit mehr haben, noch einmal schnell zu Ihrer Kabine zurückzugehen. Und ganz wichtig: Prägen Sie sich die Nummer der Gruppe ein, der Sie zugeteilt sind, und noch besser, prägen Sie sich zwei bis drei Gesichter anderer Mitglieder Ihrer Gruppe ein. Es wird ganz plötzlich losgehen. Jemand ruft „Gruppe 1", 15 Leute rennen zur Tür, ein Reiseleiter wartet dort und schon geht es los, während sich in unmittelbarer Nähe bereits Gruppe 2 sammelt. Sollten Sie in Gruppe 11 sein, dann reicht es nicht, erst dann aufmerksam zu werden, wenn Gruppe 10 aufgerufen wird, denn die Nummern sind nur da, die Mitglieder einer Gruppe zusammenzubringen. Sie haben wenig Bedeutung bezüglich der Reihenfolge des Abmarsches. Das kommt eben darauf an, welcher Gruppenleiter schon da ist.

Selten liegt Ihr Schiff alleine am Anleger, oft gesellt sich ein zweites oder drittes dazu. Diese haben dann nicht jeweils einen eigenen Landesteg, sondern sie machen nebeneinander fest, sodass Sie, falls Ihr Schiff die Position 3 hat, zunächst durch die Katakomben von Schiff-2 und Schiff-1 laufen müssen, um an Land zu kommen. Da aber die Passagiere von Schiff-2 und Schiff-1 zum gleichen Ausflugsziel wollen, können sich die Gruppen auf diesem Weg leicht vermischen oder schlimmer, Sie verlieren völlig den Kontakt zu Ihrer Gruppe. Es gibt nur eine Methode, dieses Problem zu vermeiden: Behalten Sie Ihren Ausflugsführer und dessen Kappe oder Wimpel immer im Auge. Und seien Sie bereit, den Ausflug mit flottem Schritt zu beginnen.

An Land angekommen warten dann Busse oder kleine Fahrzeuge mit Elektroantrieb, die Sie zum Eingang der Sehenswürdigkeit bringen. Die Ausflüge sind mit 1 bis 2 Stunden ziemlich kurz bemessen, sodass es kaum die Möglichkeit gibt, mal Ihrer eigenen Nase zu folgen. Also immer schön in der Nähe der Gruppe bleiben.

Der Rückweg gestaltet sich dann exakt wie der Hinweg, nur eben in umgekehrter Reihenfolge. Der Ablauf der weiteren Ausflüge ähnelt dem ersten sehr stark. Sollte Ihre Motivation der Teilnahme also nur darin liegen, einmal den Prozess eines Ausfluges kennenzulernen, dann reicht ein Ausflug. Während der weiteren Ausflugszeiten bleiben Sie dann an Bord auf dem Sonnendeck, also bei den Ausländern, im Schatten, bei den Chinesen, oder Sie unternehmen einen Spaziergang durch den nahegelegenen Ort.

Nach dem Abendessen gehen Sie bitte nicht gleich in Ihre Kabine. Sie müssen einfach hoch aufs große Deck gehen, weniger um die vorbeiziehende Landschaft zu genießen, sondern um den Chinesen dabei zuzuschauen, was Sie abends oft so gerne machen. Das permanente Fotografieren von Freunden oder Fremden oder sich selbst, mit oder ohne Selfie-Stick, will ich gar nicht weiter erwähnen, denn das macht ein normaler Chinese mittlerweile so oft

Karaoke auf dem Schiff

wie das Atmen, also immer und überall. Nein, interessanter sind die sportlichen Aktivitäten, Yoga, Qi Gong oder daran angelehnte Bewegungsübungen. Tänze in großer, kleiner oder gar keiner Gruppe. Gesangseinlagen und Lachen, Lachen, Lachen. Seien Sie nicht schüchtern, machen Sie mit und Sie erleben authentisches chinesisches Verhalten, sehr viel authentischer als das Verhalten der Passagiere auf der „AIDA" oder „Mein Schiff".

Schnell werden Sie beobachten können, dass die Chinesen wenig an der vorbeiziehenden Landschaft interessiert sind. Sie werfen schon einen Blick darauf, aber dann müssen eben Fotos gemacht werden, damit man später zuhause nachschauen kann, was man eigentlich hätte sehen können, wenn man nicht so viel fotografiert hätte. Dann ziehen sie sich rasch in das Innere des Schiffes zurück, um ihre beliebten Spiele zu spielen oder sich an Karaoke-Darbietungen zu erfreuen.

3 Unterwegs innerhalb eines Ortes

Nun haben Sie bereits einen Eindruck davon erhalten, wie man in China zwischen den Orten reisen kann und welche Besonderheiten Sie dabei erleben können. Dies beinhaltet neben dem eigentlichen Ankommen immer auch etwas Atmosphärisches während der Reise. „Der Weg ist das Ziel" ist sicher eine zu banale, auch unzutreffende Bezeichnung, denn letztendlich will man doch eigentlich nur ankommen. Trotzdem bietet jede dieser Reisearten Erlebnisse, die einfach zu China dazugehören. Wenn Sie aber innerhalb eines Ortes unterwegs sind, dann dominiert ganz eindeutig das Ziel, möglichst schnell und bequem anzukommen. Lassen Sie uns einen Blick darauf werfen, was Sie hier erwartet.

a Mit der U-Bahn

Staus in Chinas Innenstädten sind legendär und damit wird die U-Bahn wohl für die große Mehrheit das favorisierte Verkehrsmittel – so es denn eine gibt. Die gute Nachricht zuerst, sehr viele chinesische Städte haben mittlerweile eine U-Bahn und das Netz wird schnell und umfangreich ausgeweitet. Wenn Sie sich vorbereiten wollen, dann besorgen Sie sich eine brandaktuelle Karte des U-Bahn-Netzes, damit Sie auch die neuesten Linien finden. Sechs Monate alt ist übrigens nicht mehr brandaktuell.

Sie müssen herausfinden, was Sie überall herausfinden müssen. Einsteige-, Umsteige-, Aussteige-Station und Liniennummern. Die U-Bahnstationen sind mit einem Symbol kenntlich gemacht, dass dem chinesischen Wort für U-Bahn ähnelt: „Ditie", also schauen Sie nach einer Art „D". Seltener finden Sie auch das Zeichen „M" für Metro.

Sie werden überrascht sein, dass gleich nach dem Abstieg in den Untergrund Ihr Gepäck und Sie selbst einer Sicherheitskontrolle unterzogen werden. Das Gepäck rollt über eine von unseren Flughäfen bekannte Durchleuchtungseinheit, während die Menschen durch das ebenfalls vom Flughafen bekannten Tor, das mit Metalldetektoren ausgestattet ist, gehen. Dahinter oder stattdessen kann auch ein Mitarbeiter vom Sicherheitsdienst die Personenkontrolle mit einer Art Metalldetektor-Stab oder durch Abtasten vornehmen. Seien Sie nicht überrascht, wenn eine weibliche Mitarbeiterin einen Mann abtastet. In China müssen Massen abgefertigt werden, von denen wir bisher gar keine Ahnung haben. Also, nicht wundern, geschehen lassen und schnell das Gepäck einsammeln, damit Sie keinen Taschenstau verursachen. Es ist übrigens eine Art des Abtastens, die keine Klage wegen sexueller Belästigung rechtfertigen würde.

Einzelfahrkarten können Sie am Schalter oder an Automaten kaufen, aufladbare Karten nur am Schalter. Wenn Sie länger an einem Ort sind, dann kaufen Sie eine aufladbare Karte. Damit können Sie immer direkt zum Bahnsteig gehen und der jeweilige Betrag wird automatisch abgebucht. Für Einzelfahrscheine nutzen Sie am Automat den „Touchscreen". Dort sehen Sie das gesamte Streckennetz, wobei jede Linie eine eigene Farbe hat. Als ersten Schritt drücken Sie die Taste „English", dann klicken Sie die Linie an, mit der Sie Ihr Ziel erreichen, und dann die Zielstation. Im Display erscheint der Preis. Bei Bedarf geben Sie noch die Anzahl der Fahrscheine an, die Sie benötigen, und dann werfen Sie Münzen ein oder einen Schein. Die Preise sind sehr niedrig. Sie liegen zwischen 2 und 5 RMB, nur in den großen Metropolen bei weit entfernten Zielen auch mal darüber. Mehrere Karten sollten Sie nur dann kaufen, wenn weitere Personen mit Ihnen reisen, auf keinen Fall für sich als Vorrat für den Nachmittag oder den nächsten Tag, denn dann sind sie nicht mehr gültig. Zeitzonen, Waben, Rauten oder ähnlich komplizierte Konstrukte, die hierzulande für eine „gerechte" Preisbildung erfunden wurden, gibt es in China Gott sei Dank nicht. Ebenso wenig kennt man hier unterschiedliche Preise für unterschiedliche Tageszeiten oder Wochentage.

Die Linien sind klar ausgeschildert, auf dem Bahnsteig gibt es gute Informationen darüber, in welche Richtung es geht. Sie können natürlich gleich nach Ihrer Station suchen, aber einfacher ist es, wenn Sie sich nur die Endstation Ihrer Linie merken. Damit finden Sie am schnellsten heraus, ob Sie links oder rechts einsteigen sollen. Im Zug können Sie dann nachschauen, wann Sie aussteigen sollten. Übrigens sind sowohl die Linienpläne in der U-Bahn als auch die Ansagen der nächsten Haltestelle ebenfalls auf Englisch verfügbar. Das macht das U-Bahnfahren ziemlich einfach. Wenn Sie unsicher sind, wo Sie einsteigen sollen, dann lassen Sie eine Bahn ohne Sie fahren und orientieren Sie sich erst einmal. Nur ein paar Minuten später kommt ohnehin die nächste U-Bahn.

Chinesische U-Bahnen sind voll, insbesondere zu Stoßzeiten, aber wer schon einmal in Tokio war, der wird sagen, dass in Peking noch immer viel Platz ist. Es wird nicht leicht sein, einen Sitzplatz zu finden, denn erstens gibt es nicht so viele und zweitens sind die Einheimischen meist schneller. Als Europäer haben Sie dafür die gute Chance, wegen Ihres Größenvorteiles den ganzen Waggon oder den ganzen Zug zu überblicken, und Sie werden die ganze Vielfalt des chinesischen Lebens sehen, insofern als es durch die Kleidung kenntlich wird, denn obwohl sich hunderte oder tausende in der Bahn befinden, wird es das gleiche Kleidungsstück kein zweites Mal geben. Sie werden aber auch die gesamte Uniformität des chinesischen Lebens sehen, insofern als jeder irgendetwas mit seinem Smartphone macht.

Bevor Sie den Bahnhof verlassen, können Sie auf übersichtlichen Umgebungskarten nachschauen, welchen Ausgang Sie am besten nehmen sollten. Keine Angst, Sie müssen sich dafür keine Straßennamen einprägen, denn die Ausgänge sind mit A, B und so weiter klar gekennzeichnet.

Am Ausgang brauchen Sie wieder Ihre Fahrkarte. Einzelfahr-scheine bitte in den Kartenschlitz einführen, wo Sie auch ver-bleiben, aufladbare Karten auf das dafür vorgesehene Feld halten und die Karte dann wieder mitnehmen. Falls Sie Ihre Fahrkarte weggeworfen haben oder falls das Guthaben auf Ihrer Fahrkarte nicht ausreicht, dann gehen Sie zum Schalter direkt neben der Ausgangskontrolle. Dort können Sie den offenen Betrag nach-zahlen. Sie werden gefragt, an welcher Station Sie eingestiegen sind. Was Sie antworten, ist Ihnen überlassen, denn einen Nach-weis dafür gibt es nicht. Allerdings besteht auch kein Grund, hier die Unwahrheit zu sagen.

Ein besonderes Erlebnis sind die U-Bahnstationen während der Rushhour. Dann strömen die Menschen wie Geschosse durch die Gänge, von allen Richtungen in alle Richtungen, und Sie sind mittendrin, gleichsam der Fels in der Brandung, das Ziel tausender Pfeile, aber getroffen werden Sie nicht, wenn Sie im Pulk einfach mitschwimmen. In dieser Zeit des Hochbetriebes werden die Wege durch die Katakomben zu Einbahnstraßen um-funktioniert, was die Fortbewegung deutlich vereinfacht, aber trotzdem nicht wirklich einfach macht.

b Mit dem Taxi

Neben der U-Bahn werden Sie oft ein Taxi benutzen. Es wird nie lange dauern, bis Sie eines finden, nur im abendlichen Berufs-verkehr kann schon einmal eine kleine Wartezeit, also nur ein paar Minuten, entstehen. Chinesen bestellen ein Taxi jetzt nur noch mit einer App über ihr Smartphone, aber für den Kurz-urlauber ist die bewährte Methode des Winkens mit der Hand die praktischste. Trotzdem will ich die App kurz erklären. Der Suchende gibt den Zielort in die App ein, das ist schon alles. Über die integrierte GPS-Funktion kennt die App den Standort des Auftraggebers. Jetzt werden alle Taxifahrer in einem bestimmten Umkreis, der nach einem ausgetüftelten Algorithmus bestimmt wird, über den Fahrtwunsch informiert, die Position des Fahrgastes wird ihm angezeigt und die empfohlene Strecke erscheint auf seinem Smartphone Display. Der Taxifahrer, der die Fahrt annehmen will, drückt nur noch auf eine bestimmte Taste in der App. Damit wird der Fahrwunsch bei allen anderen Taxifahrern wieder gelöscht, gleichzeitig wird der Auftraggeber informiert, welches Taxi, also mit welcher Fahrzeugnummer, ihn wann abholen und was die Fahrt in etwa kosten wird. Im gleichen Moment sieht der Auftraggeber, wo sich sein Taxi gerade befindet, welchen Weg es zu ihm nimmt und wann es eintreffen wird. So einfach geht das.

Aber zurück zur manuellen Methode. Viele Taxifahrer werden Sie nicht verstehen, wenn Sie ihm Ihr Ziel nennen, schon gar nicht in Südchina. Deshalb sollten Sie besser einen Zettel zur Hand haben, auf dem das Ziel in chinesischen Schriftzeichen auf-

Taxifahrer im Käfig

geschrieben ist. Ein Stadtplan geht natürlich auch oder die Hotel-reservierung auf Chinesisch oder eine Visitenkarte.

Die chinesischen Taxis sind nicht wirklich bequem und oft auch nicht gerade sauber. Üblicherweise ist der Fahrer mit einer Art Schutzgitter, man kann auch Käfig dazu sagen, vor den Fahrgästen geschützt oder sagen wir besser von ihnen abgetrennt. Doch Sie können den Fahrer schon sehen, und auch das Taxameter und eine Vielzahl von Smartphones, also mindestens drei, mit denen Fahrten organisiert, private Telefonate geführt oder auch Online-Bestellungen gemacht werden. Und zwar während der ganzen Fahrt. Seien Sie trotzdem unbesorgt, die meisten Fahrer bewegen sich sicher durch den Verkehr. Und wenn Sie doch einmal an eine Heuschrecke geraten, die in un-ablässiger Folge von Spur zu Spur springt, dann geben Sie ihr irgendwie zu verstehen, dass er langsamer fahren solle. Notfalls steigen Sie bei nächstbester Gelegenheit aus, das wird ihn dann schon beeindrucken. Übrigens sind es, zumindest nach meiner Erfahrung, oft die Frauen, die vom Fahren mit angepasstem Tempo wenig halten.

Nach wie vor sind Taxifahrten sehr preiswert und die Taxa-meter sind eingeschaltet und sie funktionieren auch. Der Start-preis liegt je nach Stadt zwischen 11 und 13 RMB und damit wird man schon 3 km weit mitgenommen. Jeder weitere Kilometer kostet dann etwa 2 RMB. Weniger erfreulich ist der Platz im Kofferraum. 2 kleine Koffer passen hinein, mehr aber auch nicht. Wenn Sie also in einer vierer Gruppe mit Gepäck anreisen, dann brauchen Sie mindestens zwei Taxis. Und wenn Sie einen großen Koffer mit sich führen, dann wird er auf der Rückbank verstaut.

Sie können bar oder mit einer Smartphone App zahlen. Auch hier gilt, dass Sie als gelegentlicher Tourist wohl keine dieser in China sehr weit verbreiteten Apps haben werden. Also halten Sie immer ein paar 5er und 10er RMB-Scheine parat.

Wenn Sie ein Taxi für eine größere Strecke buchen, also zum Beispiel vom Stadthotel zum Flughafen, dann einigen Sie sich vorher auf einen Festpreis. Das Hotelpersonal hilft dabei und kennt die Preise. Üblicherweise kann man bei den Preisen der

Taxifahrten beziehungsweise bei der Preisbildung gut ablesen, wie nahe ein fremdes Land, egal welches politische System es hat, sich schon an den reinen Kapitalismus angenähert hat. Noch steht China nicht auf einer Stelle mit dem deutschen oder gar südeuropäischen Taxi-Business, aber es nähert sich langsam an. Ein sicheres Indiz dafür sind die Fahrten von der Innenstadt zum Flughafen. Hier wird schon in schöner Regelmäßigkeit während der Fahrt vergessen, welcher Preis ursprünglich einmal ausgemacht wurde. Ein anderes schönes Beispiel sind die Fahrten entweder in der Rushhour oder zu einer abgelegenen Adresse. Wenn Sie diese über eine App buchen, kommt schnell die Antwort: „Ich übernehme die Fahrt, aber nur, wenn Sie 10 % mehr zahlen." Und Sie haben nicht viel Zeit, sich über das Angebot Gedanken zu machen, denn diese Fahrer wissen, dass es niemand anderen gibt, der Sie zum regulären Preis fährt. Immerhin erlebt man dann keine Überraschungen mehr, wenn man am Ziel angekommen ist.

Manchmal werden Sie lauter Taxis sehen, die leer sind und trotzdem an Ihnen vorbeifahren, ohne zu halten. Das liegt nicht an Ihnen, sondern daran, dass gerade Schichtwechsel ist und das Fahrzeug zum nächsten Fahrer gebracht wird.

c Mit dem Stadtbus

Das Stadtbusnetz ist sehr dicht und man erreicht damit wirklich so ziemlich jede Ecke eines Ortes, aber nur dann, wenn man zumindest Grundkenntnisse hat, chinesische Busfahrpläne zu lesen, denn diese sind ausschließlich in chinesischen Schriftzeichen an den Haltestellen ausgehängt. Sie brauchen also etwas Vorbereitungszeit, zum einen um die Route und damit die Busnummern ausfindig zu machen, zum anderen, um herauszufinden, wo Sie ein- und aussteigen müssen. Falls Sie aber nicht in

Busfahrplan

Eile sind, dann probieren Sie es doch einmal aus. Wenn Sie ganz
tapfer sind, dann hören Sie genau hin, wie die nächste Haltestelle heißt, denn die wird immer angesagt, oder Sie zählen einfach mit, wie oft der Bus schon gehalten hat, wenn Sie wissen,
dass Sie an der 7. Station aussteigen wollen.

Es gibt keine festen Abfahrtzeiten, sondern nur Intervalle, also alle
10 oder 15 Minuten oder ähnlich. Je nach Verkehrslage ist das zu-
verlässig oder auch nicht. In großen Städten gibt es oft Monitore
an den Haltestellen, auf denen Sie sehen können, wie weit der
Bus noch von Ihnen entfernt ist und wann er ankommen wird.
   Aber steigen wir doch zuerst einmal ein. Falls Sie weit vorne
in der wohlgeordneten Warteschlange stehen, so freuen Sie sich
bitte nicht zu früh auf einen Sitzplatz, denn mit dem Eintreffen
des Busses verwandelt sich diese Schlange urplötzlich zu einem
wild drängelnden Haufen. Jetzt ist die Zeit gekommen, wo Sie
Ihre mitteleuropäische Größe und Kraft einsetzen sollten. Sie
müssen wissen, dass der Busfahrer kein Geld entgegennimmt,
das macht die kleine Box, die vor Ihnen auftaucht, sobald Sie
den Bus betreten haben. Die Fahrt kostet 1 oder 2 RMB oder
manchmal auch gar nichts. Gründe dafür werden offiziell zwar
genannt, so zum Beispiel, dass ein Bus mit Klimaanlage doppelt

so teuer ist wie einer ohne. Manchmal stimmt das, oft aber auch nicht. Egal, werfen Sie ein, was auf dem Schild unter der Kassenbox verlangt wird. Und dafür brauchen Sie immer genügend Münzen oder 1 RMB-Scheine, denn der Fahrer wird Ihnen auch nicht wechseln. Wenn Sie also nur einen 5 RMB-Schein haben, dann müssen Sie diesen in die Kasse stecken, auch wenn die Fahrt nur 1 RMB kostet. Aber dafür können Sie vor der Box stehen bleiben und das Fahrgeld der nächsten Passagiere in Ihre Tasche stecken. Der Preis gilt immer bis zur Aussteige-Station, also egal ob Sie 5 Minuten fahren oder 50, der Preis bleibt der gleiche. Und wenn Sie umsteigen müssen, dann ist im nächsten Bus der Fahrpreis erneut zu entrichten.

Im Bus ist es immer laut. Lärmquelle eins sind die Fahrgäste selbst, die entweder laut ins Smartphone schreien oder sich über 5 Sitzreihen hinweg endlos lang miteinander unterhalten. Quelle zwei ist ein Radio- oder Musikprogramm, das ständig läuft, und Quelle drei sind die ununterbrochenen Durchsagen, über die nicht nur die nächste Station angesagt wird, sondern auch unablässig irgendwelche mehr oder weniger sinnvolle Hinweise bezüglich Vorsicht beim Aussteigen, auf das Gepäck aufpassen und so weiter gegeben werden. Im Normalfall werden Sie alle dieser drei Qualen zusammen erleben. Chinesen können jedoch trotz des Lärms seelenruhig in solchen Bussen schlafen, für den Touristen ist das wohl kaum möglich, ja auch nicht sinnvoll, denn so eine Busfahrt gibt Ihnen weitere interessante Erfahrungen vom Chinesischen „Way-of-life".

Studenten oder Schüler, ja manchmal ist es schwer zu erraten, zu welcher Gruppe sie gehören, weil das Schätzen des Alters wirklich nicht einfach ist, werden Sie vielleicht einmal schüchtern ansprechen oder sie sprechen untereinander über den Ausländer, was Sie an ihren Gesten und Blicken leicht erkennen können. Nutzen Sie die Gelegenheit für eine kleine Unterhaltung. Mit Englisch ist das in aller Regel gar kein Problem. Und wenn Sie irgendetwas auf Chinesisch sagen können, dann ist Ihnen eine dauerhafte Bewunderung sicher.

Im Stadtbus

Auf längeren Strecken kann es vorkommen, dass der Bus betankt werden muss. Während des Betankens muss der Bus leer sein, also werden Sie mit den anderen Fahrgästen in den Kassenraum geschickt, wo Sie warten müssen. Und zwar genau dort und nicht neben der Zapfsäule. Auch kann es sein, dass ein Stadtbusbahnhof unterwegs angefahren wird und der Fahrer aussteigt. Bleiben Sie ruhig sitzen. Nachdem er seine Sache außerhalb des Busses erledigt hat, geht es schon weiter.

Irgendwann werden Sie dann aussteigen. Bitte vorher einen der zahlreichen dafür vorgesehenen Knöpfe drücken, denn sonst rauscht der Fahrer auch mal an der Haltestelle vorbei, denn gehalten wird nur, wenn jemand ein- oder aussteigen will.

d Mit einem Leihfahrrad

Leihfahrräder finden Sie an jeder Ecke in China und sie erfreuen sich sehr großer Beliebtheit. Für Touristen bleiben Sie aber bisher eher ein exotisches Fortbewegungsmittel. Oft stehen die Räder noch an speziellen Leihstationen, und Sie müssen vorher eine Chipkarte gekauft haben, um das Schloss zu entriegeln. Radstations-Mitarbeiter, die den Leihprozess mit Ihnen manuell abwickeln, sieht man aber – zumindest in den Städten – nur noch selten. Abgeben müssen Sie das Rad wieder an einer Leihstation, allerdings nicht zwangsweise dort, wo Sie es bestiegen haben.

Die neue Technik drängt diese Leihstationen in rasantem Tempo ins Abseits. Seit etwas mehr als einem Jahr boomt das Business der „Smart Bikes", die mit einem QR-Code und GPS ausgestattet sind. Damit wird der Ausleihprozess wesentlich flexibler, denn diese Räder können überall stehen, brauchen also keinen festen Standort mehr. Die Funktionsweise ist ausgesprochen simpel, aber genial. Man muss die App der Verleihfirma installieren, sich mit Telefonnummer und ID-Karte beziehungsweise Passnummer anmelden und ein Deposit in Höhe von 300 RMB einzahlen, natürlich mit der integrierten Bezahl-App. Anschließend kann man einen beliebigen Betrag für die Nutzung der Räder aufladen. Sobald Sie ein Rad benötigen und keines in der Nähe sehen, sagt Ihnen die App, wo sich das nächste Rad befindet, und leitet Sie dorthin. Jetzt wird der QR-Code eingescannt und schon öffnet sich das mechanische Schloss und die

Fahrt kann losgehen. Es ist sogar möglich, ein bestimmtes Rad für bis zu 2 Stunden im Voraus zu reservieren. Wenn Sie das Rad nicht mehr benötigen, stellen Sie es einfach ordentlich ab, drücken in der App die Taste „Fahrtende". Damit wird das Rad wieder verschlossen und die Leihgebühr wird automatisch abgebucht. Sie bekommen eine Übersicht über Dauer, Streckenlänge und Kalorienverbrauch Ihrer Fahrt sowie eine sehr detaillierte Karte, auf der die Fahrtstrecke dargestellt ist. Für jede ordentlich abgewickelte Fahrt werden auch noch Bonuspunkte gutgeschrieben. Die Preise haben eher symbolischen Charakter. Pauschal kann man sagen, 1 RMB pro Stunde und die ersten 30 Minuten sind sowieso kostenlos. Erst herrscht bereits ein erbitterter Kampf um Marktanteile und deshalb gibt es auch Kampfpreise oder Flatrate Tarife, also 1 RMB für den ganzen Tag. Wie in China nicht anders zu erwarten, sind aber noch weitere Funktionen in die App integriert. So können Sie einen Defekt am Rad mit Foto und Text melden. Ebenso können die Nutzer ein nicht ordentlich abgestelltes Rad melden. All das führt wieder zu weiteren Bonuspunkten. Nutzer, die gegen die Bestimmungen verstoßen, erhalten Strafpunkte, die bis zum Sperren des Accounts führen können. Die Anzahl der in China zur Verfügung stehenden Smart Bikes ist bereits im ersten Jahr auf weit über eine Million gestiegen, immer mehr Städte werden in das Netz eingebunden. Diese Räder bieten nicht den Komfort für lange Radtouren, da es zum Beispiel keine Gangschaltung gibt. Aber sie sind funktional völlig ausreichend für den Stadtverkehr und es gehört nicht viel Mut dazu vorherzusagen, dass sie zu einem neuen Mega-Business werden – ein weiteres Beispiel für das Internet der Dinge, in China schon Realität. Neben der Problematik des Zahlens gibt es einen weiteren Grund, weshalb nur selten Touristen auf den Rädern zu sehen sind. Ganz banal, die Räder sind sehr klein beziehungsweise der Sattel ist viel zu niedrig für europäische Beine. Bevor Sie also ein solches Rad leihen wollen, ist es sinnvoll nachzuschauen, ob der Sattel höhenverstellbar ist.

Smart-Bike zum Ausleihen

Die Smart Bike-Apps der Marktführer sind übrigens schon längst in die Bezahl-Apps, auf die ich später eingehen werde, integriert.

Auf dem Land bietet sich eine Radtour immer an, um die Gegend abseits der Hauptstraßen zu erkunden. Wenn Sie nirgendwo Leih-Fahrräder sehen, dann fragen Sie danach. Bestimmt gibt es ein Geschäft in der Umgebung, das irgendwo ein Rad für Sie auftreiben kann. Hier wird noch bar bezahlt und Ihr Pass bleibt als Kaution zurück. Bitte vergessen Sie nicht zu fragen, wann Sie spätestens zurück sein sollen, denn sonst kann es sein, dass Sie Ihr schönes Leihrad noch über Nacht behalten müssen und das Pfand auch erst am anderen Morgen zurückbekommen.

Eigentlich wäre es jetzt angebracht, näher auf den Straßenverkehr einzugehen, aber das würde ein langes Zusatzkapitel. Deshalb schreibe ich das Wichtigste nur stichwortartig auf. Als Radfahrer sind Sie stärker als die Fußgänger, doch Sie dürfen trotzdem Rücksicht nehmen, auch wenn die chinesischen Radfahrer dabei kein Vorbild sein werden. Aber Sie sind schwächer als Autos, Motorräder und Mofas. Das dürfen Sie nie vergessen. Vor allem bei den Letzteren ist besondere Vorsicht geboten, denn sie werden in China nahezu ausnahmslos elektrisch angetrieben, sie sind also ganz plötzlich da, weil Sie das Motorgeräusch vorher nicht hören. Zum Glück gibt es aber sehr oft breite Radwege, die Sie auch nutzen sollten, aber trotzdem werden Sie hier immer wieder auch auf Mofas treffen und manchmal auch auf Autos, die einen Stau umfahren wollen. Sie müssen also ein Auge immer auf den Verkehr richten, das andere kann frei umherschweifen.

e Mit Rikscha und motorisiertem Minicar

Eine Rikscha ist ein mit Menschenkraft angetriebenes dreirädriges Fahrrad mit einer Sitzbank für 2 Personen hinter dem Fahrer. Oft finden Sie diese Fahrzeuge in der Nähe der Sehenswürdigkeiten. Im Angebot enthalten sind einerseits Fahrten zu einem Ziel, das Sie angeben, andererseits eine Art Sightseeingtour, auf der Sie über eine mehr oder weniger interessante Strecke mehr oder weniger im Kreis wieder zum Startpunkt zurückgefahren werden. Geben Sie den Fahrern ruhig die Anweisung, Radwege zu benutzen, dann sind Sie wenigstens etwas sicherer als auf den übervollen Autostraßen. Vorsicht ist angesagt, denn das Kunden-Klientel sind oft Reisegruppen, die wenig Zeit haben und ebenso wenig Ahnung vom lokalen Preisniveau. Das heißt einfach, dass die Rikscha-Fahrer deutlich überhöhte Preise verlangen und allzu oft auch bekommen.

Etwas anders ist es mit den kleinen Blechkisten, die ich mal als „motorisierte Minicars" bezeichnen will. Sie stehen oft an Bushaltestellen oder fahren einen bestimmten Straßenzug auf und ab. Die Fahrzeuge selbst bieten Platz für 2 normal große Personen mit kleinem Gepäck oder vier kleinen Personen ohne Gepäck. In den meisten Fällen haben diese Minicars zwar ein Dach, aber keine Türen. Also gut aufpassen, dass Sie nicht herausfallen. Die Fahrer scheren sich reichlich wenig um Verkehrsregeln. Sie fahren also dort, wo es gerade am besten geht. Zum Glück erreichen sie keine hohen Geschwindigkeiten, aber es geht doch flott zur Sache.

Minicar für Menschen

Ein großer Vorteil dieses Verkehrsmittels ist, dass es auch mühelos durch enge Altstadtgassen fahren kann, dort also, wo ein Taxi oder gar ein Bus keine Chance haben. Ich kann Ihnen nur zuraten, diese Minicars in Anspruch zu nehmen. Es ist praktisch, macht Spaß und die zunächst aufgerufenen Preise können Sie durch geschicktes und selbstbewusstes Verhandeln reduzieren, moderat reduzieren. Spüren Sie den frischen Fahrtwind und genießen Sie die Fahrt, die Sie so in unserer westlichen Welt nicht machen können.

Minicars in einer etwas anderen Konfiguration werden genutzt, um schier unglaubliche Mengen von Waren zu transportieren, deren Gewicht allerdings angemessen gering ist. Trotzdem erfordert es vom Fahrer höchste Konzentration.

Minicar für Waren

f Zu Fuß

Um von einer Sehenswürdigkeit zur nächsten zu kommen ist zu
Fuß gehen nicht unbedingt zu empfehlen, wenn Sie aber den Weg
selbst zum Ziel machen wollen, dann ist das genau die richtige
Fortbewegungsart. Die Füße bewegen sich dabei nach vorn und
oft wieder zurück, der Kopf aber von links nach rechts, denn es
gibt in jedem Gebäude immer etwas Anderes zu entdecken. Ein
langer Straßenzug kann dabei schon für einen Vormittag völlig
ausreichen. Ab und zu sollten Sie auch einen Blick vor die Füße
werfen, denn Stolperfallen durch herausgebrochene Steine und
Ähnliches gibt es immer wieder, leider auch bei erst kürzlich neu
gebauten Fußwegen.

Bei Regen rate ich von längeren Fußmärschen ab, denn schnell
kann das Wasser zentimeterhoch auf dem Weg stehen, weil das
Abfließen nicht immer gut funktioniert, wenn die chinesischen
Wolken zu heftig brechen. Das Trocknen nasser Schuhe dauert
deutlich länger als dasjenige nasser Kleidung.

4 Wohnen und Übernachten

Wenn Sie nicht gerade Freunde in China haben und dort übernachten können, dann werden Sie in einem Hotel die Nacht verbringen oder dort auch mal am Tag ein kleines Erholungsschläfchen machen. Wahrscheinlich werden Sie sich sicherer fühlen, Hotels möglichst im Voraus zu buchen, und ich würde Ihnen das auch empfehlen, zumindest für die ersten Nächte nach der Ankunft. Notwendig ist das allerdings nicht, denn es gibt überall eine riesige Auswahl von Hotels aller Kategorien. Viele davon sind leider anhand der chinesischen Beschilderung für den sprachunkundigen Reisenden auf den ersten oder zweiten Blick nicht unbedingt als Hotel zu erkennen.

Chinesische Hotels können über alle globalen oder lokalen Internet-Buchungsmaschinen reserviert werden. Suchen Sie sich aus, was Ihnen zusagt, nach Ihren Kriterien. Allerdings sollten Sie wissen, dass es auch Hotels gibt, die keine Ausländer beherbergen dürfen. Was immer auch der Grund dafür sein mag, dort wird man Ihnen keine Zimmer geben, auch wenn Sie eine Buchungsbestätigung vorlegen. Wenn Ihnen Ihre Suchmaschine also ein solches Hotel anbietet, und es Ihnen eigentlich besonders gut gefällt, dann müssen Sie doch weitersuchen. Keine Sorge, die ausländerfreien Hotels sind ganz klar in der Minderheit.

Weiterhin sollten Sie genau aufpassen, ob im Preis auch alle Steuern und Servicegebühren enthalten sind, ansonsten werden Sie bei der Abreise ungefähr 15 % mehr zahlen, als Sie dachten.

a Hotels im westlichen Stil

Hilton, Marriott und alle anderen bekannten internationalen Hotelketten gibt es überall in China. Sie ähneln in vielen Dingen den Hotels dieser Ketten, die Sie aus westlichen Ländern kennen, aber es gibt doch ein paar interessante Besonderheiten, die Ihnen das Reisen angenehmer machen.

Da müssen zunächst die Zimmer selbst erwähnt werden. Sie sind größer, manchmal viel größer, wenn man zum Beispiel französische Zimmer als Vergleich nimmt. Ganz besonders sind aber die Badezimmer, ja es sind meist wirkliche Zimmer, aber wichtiger daran ist, dass sie mit allem ausgestattet sind, was Mann/Frau üblicherweise mit dem Reisegepäck mitbringt. Zahnbürste, Zahncreme, Rasierset, Kamm, Haarbürste und so weiter. Alles ist da. Natürlich nicht in den besten Qualitätsstufen, aber dafür gibt es diese Dinge jeden Tag wieder neu. Das alles reicht für die tägliche Urlaubsreinigung allemal. Deo und Aftershave nimmt der chinesische Mann sowieso nicht, also muss der männliche Reisende überhaupt nichts für die Rubrik „Bad" einpacken, es sei denn, er ist ein westlicher Tourist und will in China auf diese beiden Utensilien nicht verzichten. Und die weiblichen Reisenden brauchen nichts weiter als ihre persönlichen Kosmetika. Schon sparen Sie ein Kilo Koffergewicht. Für einen kleinen Aufpreis können Sie auch die immer bereitstehende „Premium-Packung" benutzen, angeblich also eine deutlich bessere Qualität, die all diese Utensilien mit Marken gehobener Güte enthält. Darüber hinaus gibt es immer auch Hausschuhe, mit denen Sie sogar zum Pool gehen können, Schirme, Tee, Kaffee und zwei Flaschen Mineralwasser, alles im Preis inbegriffen, manchmal auch täglich frisches Obst.

Vielleicht überrascht es Sie, was denn das für zwei größere rechteckige, oft rote Schachteln sind, die da im Schrank liegen. Nun, es handelt sich hierbei um Atemschutzmasken, die im Falle eines Brandes außerordentlich hilfreich sein können.

Brandschutz-Set

Übrigens müssen Sie keine Stecker-Adapter mitbringen, um Ihre Geräte aufzuladen. Das chinesische Stecker-System ist gewissermaßen global, denn es kann Stecker unterschiedlicher Art aufnehmen.

Das Frühstück ist von der Grundstruktur dem in westlichen Hotels ähnlich, nur die Sortenvielfalt der Wurst fällt viel geringer aus, und beim Käse gibt es oft nur eine Sorte oder auch keine. Dafür gibt es natürlich den „Chinese Corner". Probieren Sie! Nudelsuppe, Teigtaschen, Sojamilch sind nicht nur für die chinesischen Touristen vorbereitet.

Die Frühstückszeiten sind bis auf die Minute verbindlich, aber 10 Minuten vor dem Ende sagt eine Bedienung jedem Gast persönlich Bescheid. Somit bleibt genügende Zeit, den Teller noch einmal zu füllen.

Einchecken geht so, wie Sie es kennen, allerdings nur mit Reisepass. Der Pass mit der Seite des Visums wird immer fotokopiert und eine ziemlich üppige Kaution (Deposit) wird verlangt. Das ist dann mittlerweile mindestens der Gegenwert aller gebuchten Übernachtungen, manchmal sogar noch deutlich mehr. Bar oder mit Kreditkarte, beides geht. Beim Auschecken wird der Kautionsbeleg zerrissen bzw. das Bargeld wird zurückgezahlt.

Sehr angenehm ist, dass Sie oft schon am Vormittag einchecken können und nicht, wie im Westen mittlerweile leider schon der Regelfall, erst um 14 oder gar 16 Uhr. Gerade bei einer frühen Ankunftszeit des Fluges ist das sehr angenehm.

Weitere Unterschiede? Ja, einige. Zunächst ist ein großes Hotel regelmäßig Ort von großen Veranstaltungen. Firmenevents, Seminaren und ganz besonders Hochzeiten. Ein weiterer Unterschied liegt darin, dass Sie keine 4. Etage vorfinden werden, was daran liegt, dass die Zahl 4 eine äußerst negative Bedeutung hat, viel negativer als unsere berühmte 13. Oft habe ich erlebt, dass es auch keine Zimmer mit der Nummer 4 gibt. Und ein Hotel hat es einmal auf die Spitze getrieben und auch Zimmer und Etage 14, 24, 34 verbannt. Das Haus hat leider nur 36 Etagen. Somit konnte ich noch nicht in Erfahrung bringen, ob auf Etage 39 unmittelbar die 50 folgen würde. Ach ja, im Pool, innen wie außen, herrscht Badekappenpflicht, für Frauen und für Männer. Und falls Sie keine eigene Badekappe mit sich führen, so können Sie vor Ort gleich eine kaufen.

b Hotels im traditionell-chinesischen Stil

Hotels im chinesischen Stil unterscheiden sich in vielerlei Hinsicht von den westlichen Kettenhotels. Zunächst ist das die Lage. Oft inmitten von traditionellen Stadtvierteln, dort wo auch heute immer noch quirliges Leben herrscht. Die Häuser sind auch kleiner, meist haben sie nur zwei Etagen und oft gibt es liebevoll gestaltete Innenhöfe oder kleine chinesische Gärten. Die Zimmer sind manchmal riesengroß, manchmal ziemlich klein und es dominiert Holz beziehungsweise doch Beton, der mit einer holzartigen Struktur umgeben ist.

Traditionelles Hotel

Auch die Einrichtung ist völlig anders. Alle Möbel haben einen Hauch von musealen Gegenständen, das betrifft die Betten, Tische, Stühle und Hocker. Kleiderschränke fehlen fast immer, stattdessen sind irgendwo im Raum ein paar Haken angebracht. Für den westlichen Reisenden eigenartig, für den Chinesen ganz in Ordnung, denn viel Gepäck hat er ohnehin nicht dabei und die Koffer werden auch nur selten ausgepackt. Das Badezimmer ist oft kein Zimmer mit einer Tür, sondern nur durch einen Vorhang vom Schlafraum abgetrennt. Was Zahnbürste, Kamm und so weiter angeht, unterscheidet es sich nicht von den Hotels westlichen Stils. Nicht immer kann man in diesen Häusern frühstücken, wenn aber doch, dann ist es ein typisches chinesisches Frühstück in einem kleinen Raum, wo man dicht an den anderen Gästen sitzend den Tag beginnen kann.

Der Begriff „traditioneller chinesischer Stil" ist eigentlich irreführend, weil sich die traditionellen Hotels von Region zu Region unterscheiden, insbesondere durch Design, Farbe und Form der Möbel, weniger durch die grundlegende Architektur. Obwohl diese Häuser inmitten des städtischen Lebens stehen, ist es innen sehr ruhig und man ahnt nicht, welcher Lärm nur zwanzig Meter weiter in den Gassen herrscht. Sehr oft verschließen sie ihre Zimmertür mit einem Vorhängeschloss, der Einbau von Chipkarten-Türschlössern würde auch nicht zum Baustil passen. In der Lobby, auch ein Begriff, der hier eigentlich nicht richtig passt, können Sie gemütlich sitzen, mal in einigen alten Büchern blättern, auch kleine Souvenirs kaufen oder gemütlich einen Tee schlürfen und einen Blick auf das Treiben draußen auf der Straße werfen.

Sie sollten China nicht verlassen, ohne wenigstens einmal in einem solchen Hotel übernachtet zu haben. Preislich sind sie allerdings kein Schnäppchen und ich finde, dass sie zurecht auf einer Preisstufe mit den westlichen Standardhotels stehen.

Schließlich gibt es noch eine weitere Kategorie von Hotels im chinesischen Stil. Diese sind äußerst einfach und praktikabel, ohne architektonisch oder einrichtungsmäßig aufzufallen. Klein, dunkel, aber sauber und extrem preiswert. Man kann darin mal schlafen, aber wenn Sie im Hotel nicht nur von Mitternacht bis zum frühen Frühstück bleiben wollen, dann schließen Sie diese Häuser besser nicht unbedingt in Ihre Wahl ein. Einen Verwendungszweck kann ich aber doch vorschlagen, nämlich als Aufenthaltsort in Flughafennähe, wenn Ihr Flug erst um Mitternacht geht. Statt den ganzen Nachmittag und Abend irgendwo mit Ihrem Gepäck zu warten oder es gar mit sich herumzuschleppen, buchen Sie ein Zimmer für 25 Euro und verlassen es um 21 Uhr, um zum Flughafen zu kommen, gut ausgeruht und frisch geduscht. Viele machen das so und an der Rezeption wundert sich niemand, dass Sie schon abends wieder abreisen, obwohl Sie doch eine Nacht gebucht haben. Viele dieser kleinen Hotels bieten auch noch einen kostenlosen Shuttleservice zum Flughafen.

5 Essen und Trinken

Ich werde dieses Kapitel kurzhalten, weil es problemlos auch 500 Seiten füllen könnte. Einen Mittelweg zu finden ist daher kaum möglich. Also schauen wir eher stichwortartig auf das leibliche Wohl. Was ist anders als bei uns? Ich will ein paar wesentliche Sachverhalte nennen, aber auf die Unterschiede bei den Speisen selbst werde ich nicht eingehen. Ohnehin gibt es viele Bücher, die sich mit dem Essen in China beschäftigen, viele davon nicht besonders originell, denn sie beschreiben einzelne Elemente der Speisekarte ausgewählter Restaurants. Warum eigentlich, wenn sich das Angebot doch ständig ändert?

In China bestellt niemand für sich. Bestellt wird ein Sammelsurium von Speisen, das immer für alle gedacht ist. Lassen Sie sich Zeit bei der Auswahl, denn die Speisekarten sind oft umfangreich. Sie werden sehr wahrscheinlich zu viel bestellen, denn die Portionen sind nicht klein. Sie werden sich nach dieser Erfahrung vornehmen, beim nächsten Mal etwas weniger zu bestellen, doch groß ist die Gefahr, dass Sie sich dann doch nicht daran halten werden. Eine klare Regelung von Speisekategorien im Sinne von Vor-, Haupt- und Nachspeise

Gedeckter Tisch

gibt es nicht. Der Tisch wird in einer Reihenfolge mit Speisen gefüllt, deren Regel nicht nachvollziehbar ist, aber egal, wenn etwas auf den Tisch gestellt wird, dann fangen Sie an zu essen, solange es warm ist. In den gehobenen Restaurants bemüht man sich aber schon, die Reihenfolge, die nach der traditionellen chinesischen Gesundheitslehre vorgesehen ist, einzuhalten. Dann beginnt das Mahl mit einer kalten Speise, auf die das warme Hautgericht folgt. Jetzt erst folgen Suppe oder Brei, dann die Teigtaschen, schließlich die Nachspeise und ganz zum Schluss das Obst.

Wenn Sie, Mann mit weiblicher Begleitung, ein kühles Bier trinken wollen, dann ordern Sie auf jeden Fall 2 Gläser, ansonsten wird nur eines gebracht, was wohl offensichtlich für den Mann gedacht ist. Wenn die Bedienung fragt, ob sie die Flasche öffnen solle, dann bejahen Sie diese Frage einfach, auch wenn sie Ihnen befremdlich erscheint. Vielleicht gibt es auch Chinesen, die die Flasche Bier nach dem Essen mit nach Hause nehmen wollen. Und wenn die Bedienung Sie darauf hinweist, dass auch der Schaum auf dem Bier getrunken werden kann, dann sollten Sie das mit einem süßen Lächeln quittieren, denn es zeigt, dass die Angestellten des Restaurants im Bereich des Biertrinkens bereits über eine hohe Sachkenntnis verfügen.

Falls Sie mit den Stäbchen überhaupt nicht klarkommen, dann fragen Sie nach westlichem Besteck, was Sie in Restaurants auch bekommen, in den Imbissstuben aber eher nicht.

Schließlich müssen Sie wissen, dass nur einer am Tisch bezahlt. Ob Sie später draußen auf der Straße es untereinander wieder verrechnen, ist eine andere Sache, drinnen jedenfalls wird nur ein Geldbeutel gezückt. Bei chinesischen Gruppen führt das immer zu einer heftigen und lautstarken Scheinauseinandersetzung, denn jeder der anwesenden Männer möchte natürlich die Zeche zahlen. In manchen Restaurants der gehobenen Klasse und in der Regel bei den Imbissen ist das Zahlen im Voraus üblich. Muss ich noch erwähnen, dass es beim Essen sehr lautstark zugeht? Wohl eher nicht. Und dass die Anzahl der Bedienungen sehr viel höher ist als in heimischen Lokalen, werden Sie sicher auch schon erahnen.

Chinesen legen sehr großen Wert auf regelmäßiges Essen, was heißt, dass ein warmes Mittagessen neben dem Frühstück und dem Abendessen immer dazugehört. Entsprechend voll sind die Speiselokale auch während der Mittagszeit. Ebenso groß ist die Anzahl der Restaurants. Wenn Sie nicht gerade auf der Suche nach etwas ganz Besonderem sind, dann werden Sie nirgendwo länger als 5 Minuten suchen, bis etwas Köstliches vor Ihnen steht. „China = Essen" ist zwar keine mathematische Formel, aber es ist doch eine starke Definition dieses Landes. Wenn Deutsche erzählen, dass sie kein warmes Mittagessen möchten, dann trifft das bei Chinesen auf völliges Unverständnis.

Wir Deutschen suchen ja jede Gelegenheit, im Freien zu sitzen, bei Sonne und Hitze, ja mittlerweile auch bei Sonne und Kälte. Entsprechende Lokalitäten gibt es in China ganz selten. Chinesen sind eben nicht gerne draußen, schon gar nicht bei Sonnenschein. Das betrifft übrigens nicht nur das Essen. Also heben Sie sich den Besuch eines Straßencafés oder eines Bier-Gartenlokales auf, bis Sie wieder zurück sind.

Wenn Sie das Restaurant betreten, werden Sie mit einem freundlichen „Willkommen, willkommen" begrüßt. Erschrecken Sie nicht, wenn Ihnen alle Angestellten diesen Gruß gemeinsam und lauthals entgegenschreien. Wenn Sie es wieder verlassen, dann rät man Ihnen, doch bitte langsam zu gehen. Diese Grußrituale werden auch von vielen anderen Einrichtungen praktiziert.

a Gehobene Restaurants

Mit dem Begriff „Restaurant" will ich einfach alle Speiselokale bezeichnen, die nicht zu den weiter unten genannten Kategorien gehören. Sie finden zunächst einmal Varianten der unterschiedlichen chinesischen Küchen, die für sich genommen schon eine eigene Welt unterschiedlichster Geschmacksrichtungen, Zutaten und Speisesorten sind. Darüber hinaus dominieren natürlich die Küchen der näheren Umgebung, also japanisch, koreanisch, südostasiatisch. Pizzerias schießen aus dem Boden und immer öfter auch mal deutsche Küche, um präzise zu sein, die bayerische Variante davon.

Beim Betreten eines Restaurants lautet die Standardfrage, wie viele Personen Sie denn seien. Entsprechend wird der Tisch ausgesucht und Sie werden dort hingebracht. Selber einen Tisch auszusuchen ist nicht üblich. Aber natürlich können Sie den von der Bedienung vorgeschlagenen Tisch ablehnen und ihr einen anderen vorschlagen. Wenn dieser nicht reserviert ist, dann wird sie Sie doch zu Ihrem Wunschtisch bringen. Kaum haben Sie Ihren Platz eingenommen, schon wird Ihnen die Speisekarte in die Hand gedrückt und die Bedienung bleibt ganz geduldig an Ihrem Tisch stehen, mit Zettel und Bleistift in der Hand. Lassen Sie sich davon nicht stören, es ist eben so und bedeutet nicht, dass man Sie zur Eile drängen will. Außerdem kann es Ihnen helfen, die Bedienung nach bestimmten Eigenarten der einen oder anderen Speise zu fragen. Haben Sie Ihre Bestellung gemacht, dann wird jedes Detail noch mal von der Bedienung wiederholt, sodass eventuelle Missverständnisse von Anfang an ausgeräumt werden. In gehobenen Restaurants können Sie Glück haben, dass es auch eine Karte auf Englisch gibt, oder Sie wählen anhand der auf Bildern abgebildeten Speisen aus oder Sie fragen einfach nach Hühner- oder Rindfleisch, alles leicht zu lernende Vokabeln. Trotzdem sollten Sie auf Überraschungen gefasst sein, denn es mag zwar sein, dass Ihnen die Bedienung bestätigt, dass das, was Sie auf dem Bild erkannt haben, Huhn sei, aber ein Huhn umfasst in China eben sprichwörtlich alles, was ein Huhn zu bieten hat, und dies ist deutlich mehr als das, was der Koch hierzulande von einem Huhn auf den Teller bringt. Wasser oder Tee werden immer auf den Tisch gestellt und viele Chinesen bestellen dann keine weiteren Getränke mehr dazu. Ein feuchtes Tuch wird auch oft gebracht, nicht aber Servietten. Diese befinden sich schon auf dem Tisch, so verpackt wie unsere Papiertaschentücher. Wenn Sie diese Verpackung aufbrechen, dann wird sie extra berechnet, zu einem symbolisch geringen Preis.

Speisekarte in 3D

Auf der Karte ist der Schärfegrad angegeben und Sie sollten das ernst nehmen. Scharf ist wirklich scharf und sehr scharf ist im wahrsten Sinne des Wortes brandgefährlich.

Noch ein Tipp aus meiner eigenen Praxis. Wenn ich mir wirklich unsicher bin, welche Fleischsorten ich da so auf den Tisch bekommen könnte, dann bestelle ich einen Fisch. Ein Fisch ist ein Fisch, immer vom Kopf bis zur Schwanzflosse, also es ist alles dabei und Sie können ganz alleine entscheiden, welche Teile Sie davon essen werden. Guten Appetit!

Gute Restaurants sind meist auch architektonisch beeindruckend gestaltet, eigentlich nie langweilig, sie sind also nicht nur ein Ort, um den leeren Magen zu füllen, sondern Sie können die Augen mitgenießen lassen, nicht nur beim Anblick der Speisen.

Das Restaurant-Team

Es ist üblich, dass das gesamte Team des Personals vor Beginn der Schicht von ihrem Chef auf die kommende Arbeit eingestimmt wird. Dafür versammeln sich alle, ordentlich in Reih und Glied aufgestellt, an einem geeigneten Ort vor dem Restaurant. Der Chef ruft irgendwelche Kommandos und das ganze Team schreit zurück. Ein typischer Slogan ist: „Wir sind das beste Team, ho-ho-ho." Das kann schon mal 15 Minuten dauern. Schauen Sie es sich an, wenn Sie mal bei einem solchen „Briefing" vorbeikommen. Es ist ebenso lustig wie befremdlich. Die militärischen Übungen aus der Schulzeit finden hier ihre praxisbezogene Fortsetzung.

Vornehmlich in touristischen Regionen ist die Konkurrenz mit anderen Restaurants natürlich immens. Also muss man in irgendeiner Form die Neugierde der hungrigen Passanten auf sich ziehen. Dazu dient oft – wie schon erwartet – Lärm. Jemand steht vor dem Lokal und ruft irgendwelche Slogans. Und weil das Restaurant an der nächsten Ecke das Gleiche tut, muss man die Lautstärke entsprechend nach oben schrauben. Und wie macht man das in China? Nun, man verwendet einen Lautsprecher, meist älterer Bauart, also knisternd, rauschend, Hauptsache, er ist laut. Über die Reaktion des an der anderen Ecke befindlichen Restaurants brauche ich nichts mehr zu schreiben, Sie erahnen es sowieso. Wem die Lautstärke als Argument zu unsicher ist, der organisiert noch jemanden, der sich in ein schrilles Kostüm hüllt, also Clown oder Affe oder Drache, da gibt es keine Grenzen. Hauptsache bunt. Mit dieser bunt-lauten Mischung wird das Restaurant voll und dasjenige nebenan wird auch voll und ohne Kostüm und Lärm wären auch beide gut besucht.

Chinesen lesen mit Vorliebe die Bewertungen von Restaurants im Internet und nehmen das als eine Entscheidungsgrundlage. Man kann mit Fug und Recht behaupten, dass jede Ware und jede Dienstleistung umfangreich bewertet ist, denn die Chinesen haben auch einen stark ausgeprägten Drang, ihre Meinung der Allgemeinheit zugänglich zu machen.

b Fast-Food-Ketten

Über das Essen in den Fast-Food-Ketten muss ich nichts Besonderes erwähnen. Schlicht und einfach, es gibt sie überall, im Angebot sind Burger und Pizza, und es schmeckt wie überall. Wie viel man ansonsten vom westlichen Essen weiß, erahnt man daran, dass mit dem Begriff „Western Food" unmittelbar die bekannten Fast-Food-Ketten gemeint sind. Der Andrang chinesischer Kunden ist immer groß und Touristen, die sich gar nicht mit dem chinesischen Essen anfreunden können, finden sich hier ebenfalls regelmäßig ein.

Wem die Warteschlange zu lang ist, der kann auch den auf dem Boden angebrachten QR-Code zum Online-Bestellen nutzen. Damit bekommt man den Burger zwar nicht schneller, aber das Warten darauf ist entspannter. Wenn die Bestellung abgeholt werden kann, bekommt man eine Nachricht auf das Smartphone.

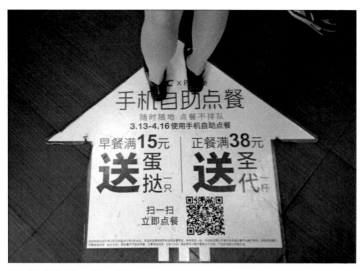

Fastfood Online-Bestellung

c Imbiss-Restaurants und Snack-Bars

Die oft als Familienbetrieb geführten imbissartigen Restaurants
findet man in großer Anzahl und sie sind durchweg zu empfehlen.
Das Angebot der Speisen ist überschaubar. Es reicht von Nudeln
über Reis und Gemüse bis zu Fleisch, gebraten oder in einer Brühe.
Darüber hinaus hat jedes Geschäft eine Handvoll von Spezialitäten anzubieten. Die Preise sind sehr gering und die Qualität
ist gut. Aber der empfindliche Gast sollte den Gastraum und die
Küche nicht so genau inspizieren, denn bei der Hygiene sollte
man nicht zu anspruchsvoll sein. Nur wenige Tische stehen im
kleinen Speiseraum und die Speisekarte hängt oft an einer Wand,
weitere gedruckte Versionen auf den Tischen findet man selten.
Sie bestellen und zahlen in der Regel auch gleich an der Kasse,
die von der Tochter des Hauses verwaltet wird. Diese ruft Ihre

Blick in die Küche

Bestellung laut in den hinteren Raum, in dem sich die Küche befindet. Dort kochen die Mutter oder der Vater oder beide, während die Großmutter im Hinterhof oder auf der rückseitigen Gasse das Gemüse putzt.

Der Sohn ist für den Einkauf zuständig und wenn mal keine Gäste da sind, dann sitzt die ganze Familie in schöner Harmonie an einem der Tische und isst, was sie selbst zubereitet haben. Für 2 Euro können Sie hier gut satt werden. Nicht selten kommen die Familien, die diese Restaurants betreiben, aus weit entfernten ländlichen Gebieten in eine Stadt, weil sie dort ein gutes Einkommen erzielen können.

Speisekarte im Imbiss

d Nachtmärkte

Nachtmärkte sind organisierte Genuss-Veranstaltungen in bestimmten Straßenzügen, die zu festen Nacht-, genauer gesagt Abendzeiten, geöffnet sind. Ein Stand reiht sich an den anderen und davor stehen ein paar Miniaturhocker und Tischchen. Über die Batterie des Mofas wird eine Glühbirne mit Strom versorgt, die über den Stand gehängt wird und das Speiseangebot einigermaßen beleuchtet. In größeren Städten sind die Nachtmarkt-Stände selbstredend professionell mit Energie versorgt. Schon kann das Geschäft losgehen. Das Angebot ist außerordentlich vielfältig. Es wird gebraten, gedämpft, gekocht, was das Zeug hält. Dazu werden die Waren lautstark angepriesen und Häppchen zum Probieren gibt es genügend. Für den westlichen Touristen ist es nicht immer einfach zu erraten, was denn da so alles zubereitet wird. Und die Zweifel werden oft noch durch erstaunliche Gerüche, die der Nase sagen, dass sie etwas sehr

Nachtmarkt

Fremdartiges riecht, unterstrichen. Aber egal wie gering der Grad Ihres Wagemuts ist, aus China zurückzukommen, ohne wenigstens einmal auf einem Nachtmarkt geschlemmt zu haben, geht gar nicht.

Probieren Sie kleine Häppchen hier und da, um die Vielfalt auch auf der Zunge zu erleben. Manchmal können Sie ein Kichern hinter Ihrem Rücken hören. Ja, das kann schon Ihnen gelten, wenn Sie herzhaft in einen Seestern beißen oder die Augen verdrehen, wenn Sie realisieren, dass das scharf geröstete Etwas, an dem Sie gerade knabbern, ein Insekt ist. Wenn es ganz schlimm war, dann spülen Sie mit reichlich Bier nach. Getränke gibt es auf dem Nachtmarkt natürlich auch. In den Touristenhochburgen sind die Preise überteuert, mit starkem Protest können Sie aber einen Rabatt bekommen.

e Lieferservice

Die Lieferung des Essens nach Hause oder ins Hotel bis zur Zimmertür ist mittlerweile zu einem gigantischen Servicebereich geworden. Die Bestellung geht aber längst nicht mehr über das Telefon, sondern natürlich über das Internet, in Verbindung mit einer Smartphone App, die den ganzen Prozess von der Bestellung bis zur Zahlung und Lieferung verwaltet. Sie suchen also on-line aus, was Sie möchten, selbst Suppen und Getränke werden geliefert. Das Restaurant Ihrer Wahl schickt Ihnen gleich nach Eingang Ihrer Bestellung eine Nachricht, ob es den Auftrag an-nimmt, und die Zahlung erfolgt im gleichen Moment. Neben den Restaurants sind auch nahezu alle kleinen Imbissläden an dieses Geschäft angeschlossen. Überall in China sausen „Delivery Boys" mit Ihren motorisierten Rädern durch die Straßen, steuern die einzelnen Geschäfte an und packen Ihr und das Essen anderer in die große Styroporbox hinter dem Fahrersitz. Der Helm wird nicht einmal dann abgesetzt, wenn er noch 5 Minuten warten muss, weil die Nudeln noch nicht fertig gebraten sind. Sobald er dann losfährt, bekommen Sie die Meldung, dass die Ware auf dem Weg zu Ihnen ist, und jetzt können Sie jederzeit über das

Lieferservice

GPS Tracking nachverfolgen, wo sich Ihre Nudeln samt Hühnerfleisch und Mango Saft gerade befinden und wann es an der Tür klingeln wird. Es ist sicher keine gute Idee, jeden Abend diesen Service in Anspruch zu nehmen, aber wie wäre es mit einem Versuch, wenn draußen ein scheußliches Sauwetter herrscht?

f Cafés

Gemütlichkeit und geschmackvolle Inneneinrichtung sind bei Restaurants mit Ausnahme der besseren Kategorien immer noch Mangelware, bei den Cafés hingegen ist das aber längst anders. Neben der großen amerikanischen Kette, die ich vom Charme-Faktor als mittelmäßig einstufen möchte, gibt es ganz traumhafte Cafés koreanischer Ketten. Sie sind absolut einladend, bieten gemütliche Sitzecken mit Sofas, Sesseln, zum Arbeiten geeignete Stühle, Tische für Laptop und Buch oder nur zum Abstellen der Tassen. Die Wände sind liebevoll dekoriert mit Gemälden oder großen Bücherwänden. Und wer ganz verspielt ist, der geht in die Cafés, die noch dutzende Kuscheltiere in Menschengröße auf den Stuhl neben Sie setzen. Somit sind Sie beim Cappuccino nicht so alleine.

Bestellung im Café

WLAN ist überall selbstverständlich und Steckdosen zum Aufladen der Geräte natürlich auch, und zwar an jedem Tisch. Niemand stört es, wenn Sie hier 3 Stunden lang sitzen und ein Buch lesen, Studenten verbringen hier sogar ganze Tage, sei es mit Arbeit, Unterhaltungen mit echten Menschen oder Gesprächen mit virtuellen Menschen über das Smartphone. Die Getränkeauswahl ist vielfältig, dazu gibt es kleine Snacks, süß oder salzig. Lernen Sie vorher die Worte für die Tassengröße, groß, mittel, klein und für mit oder ohne Eis. Wenn Sie bestellt haben, wird Ihnen ein Gegenstand in die Hand gedrückt, anhand dessen Ihre Bestellung abgeholt oder zum Platz gebracht werden kann. Das können so profane Dinge wie ein Schild mit einer Ziffer sein oder eine kreisrunde Scheibe, die plötzlich zu blinken beginnt und damit darauf hinweist, dass die Bestellung abgeholt werden kann. Gerne werden auch Plüschtiere zur Erkennung verwendet. Beim Bestellen nimmt man eines davon mit zum Platz und die Bedienung kann daran erkennen, wo sie den Kaffee nachher ab-

Café Innenraum

liefern soll. Und dann gibt es noch alle Arten von anderem Spielzeug, das den Raum gemütlich macht, und wenn man sich alleine im Café etwas einsam fühlt, dann setzt man sich an einen Tisch, an dem schon ein großer rosa Bär sitzt. Cafés sind auch die ersten Orte, bei denen man draußen sitzen kann. Oft noch direkt an der Straße, aber bei neuen Stadtvierteln auch ganz ruhig in einem Garten. Dort kann man sich auch einfach hinsetzen, ohne etwas zu konsumieren, Sie können sogar Getränke von einem anderen Ort mitbringen. Ich liebe diese Cafés.

Die Preise liegen durchweg auf demselben Niveau wie bei uns, was bedeutet, dass die chinesischen Kunden der Mittelschicht angehören oder zur Gruppe der von den Eltern unterstützten Studenten gehören.

g Exkurs – Über das Trinken

Zu guter Letzt noch ein paar ganz subjektive Worte zum Thema Getränke. Sagte ich bereits, dass Chinesen beim Essen ohne Getränke auskommen? Das liegt auch daran, dass eigentlich immer eine Suppe, damit also reichlich Flüssigkeit, zum Essen gehört. Westliche Touristen haben da eine ganz andere Sozialisation. Also fangen wir an. Stilles Wasser ist das Standardwasser, mit Kohlensäure werden Sie es oft nicht bekommen. Säfte unterschiedlichster Obstsorten und Milchtees sind immer eine gute Empfehlung, wenn es denn alkoholfrei sein soll. Sehr verbreitet sind auch die kleinen Getränkeshops mit Straßenverkauf. Hier gibt es Milch- und Bubble-Tee sowie erfrischende Säfte, die vor Ihren Augen aus frischem Obst zubereitet werden.

Wenn es aber doch etwas „Prozentiges" sein darf, dann rate ich zum Bier. Ob es etwas damit zu tun hat, dass deutsche Kolonialherren den Chinesen vor mehr als einhundert Jahren das Bierbrauen beibrachten, kann ich nicht sagen, sagen kann ich allerdings, dass es wirklich gut schmeckt. Beim Wein ist es anders, manche Chinesen meinen „noch" anders. Zwar finden Sie eine Vielzahl von chinesischen Weinen sowie solche, die aus Australien und Südamerika und jetzt auch aus Europa importiert werden, aber er schmeckt schlicht und einfach nicht und ist darüber hinaus ziemlich teuer. Wenn Sie unbedingt einmal Wein in China probieren wollen, dann lohnt es nicht, in der Region von 20 Euro zu suchen, bleiben Sie bei 10 Euro, darunter geht es sowieso nicht, denn beide Preislagen schmecken gleich bescheiden, selbst wenn die Weinlage unterschiedlich sein sollte. Ich weiß, dass es für Weintrinker schwer ist, 3 Wochen lang auf einen guten Tropfen zu verzichten, trotzdem rate ich Ihnen, es zu tun.

Zum Schluss der Beschreibung alkoholischer Getränke ein Wort zum Schnaps. Sie müssen ihn probieren. Er wird Sie umhauen, weil die Alkoholprozente gewaltige Werte einnehmen und der Geschmack, lassen Sie mich neutral bleiben, ganz anders ist als

Schnaps in Fässern

Schnaps in Flaschen

zuhause. Zu manchen Schnäpsen wird ein Skorpion oder eine Schlange in die Flasche gelegt. Aber keine Sorge, diese sind dadurch so betrunken, dass sie Ihnen nichts Übles mehr tun können. Trotzdem gehört neben der Neugierde auch Mut dazu, sich davon ein Gläschen zu gönnen. Bei den Mengenangaben werden übrigens genau wie bei uns Begriffe wie Glas, Flasche oder Liter verwendet, beim Schnaps allerdings tritt plötzlich der Begriff Pfund auf. Wenn Sie am nächsten Morgen gewaltige Kopfschmerzen haben sollten, dann liegt es vielleicht daran, dass Sie am Abend vorher ein Viertel Pfund Schnaps zu viel getrunken haben.

Falls Sie einmal in den Genuss einer privaten Einladung zum Essen kommen sollen, dann wird Ihre Alkoholtauglichkeit auf eine harte Probe gestellt. Neben Ihrem Teller stehen dann ein Bierglas, ein Weinglas und ein Schnapsglas. Sobald Sie Platz nehmen, werden diese sofort gefüllt, und zwar alle drei gleichzeitig. Und schon geht es los, denn man muss schnell auf das Wohl aller Anwesenden anstoßen. Damit hat der Teufelskreis begonnen. Nicht zu trinken ist unhöflich, Höflichkeit aber ist eine besondere chinesische Tugend. Also müssen Sie trinken und dummerweise wird jedes leere oder auch nur angetrunkene Glas sofort wieder gefüllt. Und schon wird auf das Wohl irgendeines Anderen angestoßen. Die Reihenfolge der Getränke spielt dabei ebenso wenig eine Rolle wie die Tageszeit. Wenn Sie zum Mittagessen eingeladen sind, nehmen Sie sich für den Rest des Tages besser nichts mehr vor und wenn es sich um ein Abendessen handelt, dann halten Sie sich den nächsten Vormittag frei. Als Frau haben Sie übrigens die Chance, am Frauentisch sitzen zu dürfen. Dort werden im Wesentlichen Wasser, Tee und Säfte getrunken.

Lassen Sie uns noch auf den Tee schauen. Es gibt gemütliche Teestuben und Teegärten, in denen Sie lange sitzen und plaudern oder einfach schauen können. Sie kaufen sich eine Portion Teeblätter, wobei die Auswahl groß ist, nehmen sich eine Tasse oder ein Glas und setzen sich hin. Rasch kommt eine Bedienung und gießt heißes Wasser über Ihre Teeblätter und schon nach einer Minute können Sie ihn genüsslich schlürfen so wie die Einheimischen. Sobald Ihre Tasse leer ist, wird, ohne Ihre Aufforderung, heißes Wasser nachgefüllt, denn die Teeblätter sind mehrfach verwendbar. Wenn Ihr Durst gestillt ist, dann drehen Sie die Tasse um und das Nachfüllen hat ein Ende. Leser aus dem Köln-Düsseldorfer Raum werden leicht Ähnlichkeiten in Bezug auf den Bierdeckel erkennen, der auf das Kölsch- oder Altbier-Glas gelegt wird, sobald man genug davon hat.

Vorsicht ist bei Teezeremonien oder bei touristischen Musik und Tanz-Shows geboten, zu denen auch Tee angeboten wird. Hier kann ein Glas mittelmäßigen Tees schnell mal einen zweistelligen Eurobetrag kosten. Touristen sind eben eine gern gesehene Kundenkategorie.

Der normale chinesische Bürger führt übrigens immer eine Thermoskanne oder eine verschließbare Trinkflasche mit sich, in denen Teeblätter herumschwimmen. Heißes Wasser zum Wiederauffüllen gibt es dafür in der Bahn, an den Bahnhöfen, in Restaurants, der Mall, den U-Bahn-Stationen, den Bibliotheken, also überall.

6 Soziale Netzwerke und Kommunikation

Wie bleiben Sie als China-Reisender in Kontakt mit der Heimat, in einem Land, wo doch nahezu alles blockiert ist, was Sie tagtäglich benutzen? Schauen wir zunächst einmal an, was in China wirklich gesperrt ist: Facebook, Youtube, Twitter, Google. Wenn Sie darauf nicht verzichten können, dann wird es eine harte Zeit, aber es gibt doch gute oder gar bessere Alternativen.

Bevor Sie diese nutzen können, brauchen Sie natürlich erst mal WLAN. „WLAN gibt es nicht" gibt es in China nicht. WLAN gibt es nahezu überall. In jedem Hotel, Restaurant, Imbiss, Café, Veranstaltungsort, nur noch nicht im „Gaotie". Sie werden also immer viele Stunden am Tag mit der Welt in Verbindung treten können.

Surfen im Internet geht natürlich problemlos, denn außer Google sind alle anderen Suchmaschinen verfügbar und dazu gibt es sehr gute chinesische Suchmaschinen. Eine davon heißt „baidu". Anstelle von „google maps" nutzen Sie „baidu maps", qualitativ noch besser als das „Google" Produkt und Sie werden nicht nur Kinos, Theater, Hotels, sondern auch den kleinsten Imbiss, den nächsten Friseur, die Bushaltestelle und den kompletten Fahrplan finden. Wenn Sie auf Videos nicht verzichten wollen, dann nutzen Sie anstellen von „Youtube" das chinesische Pendant „Youku", auf dem Sie sowieso viel mehr Filme sehen können und nicht durch die gigantische Menge von unsinnigen Videoschnipseln und endloser Werbung auf „Youtube" genervt werden. Auch für „Twitter" gibt es ein Pendant und das heißt „weibo". Zugegeben, es gibt einen großen Nachteil bei all diesen Medien, nämlich die fehlende Übersetzung der Oberfläche, nicht einmal auf Englisch ist sie vorhanden. Aber alle Suchanfragen sind natürlich in jeder Sprache möglich und die Ergebnisseiten werden in der jeweiligen Originalsprache präsentiert. Sie können also tatsächlich damit arbeiten.

Wer braucht schon Facebook, wenn es „QQ" und vor allem „wechat" gibt. Beide sind übrigens mit englischer, „wechat" auch mit deutscher Benutzeroberfläche verfügbar, und die Musik-portale will ich gar nicht erst alle aufzählen, es gibt sie im Über-fluss. Mehr und mehr davon mittlerweile aber nur noch über reguläre Abonnements.

Ihre Emails können Sie natürlich wie gewohnt nutzen und telefonieren geht sowieso. Auch „WhatsApp" und „Skype" ste-hen uneingeschränkt zur Nutzung zur Verfügung. Das alles heißt, dass die Sperrung der amerikanischen Dienste in keiner Weise die Kommunikationsmöglichkeiten einschränkt, weil es für al-les chinesische Produkte gibt, die vom funktionalen Gesichts-punkt oft deutlich besser sind und nicht im Wesentlichen aus Werbung bestehen.

Was sollten Sie als Tourist also in Erwägung ziehen und wie bereiten Sie sich vor? Nun, zunächst würde ich Ihnen empfehlen, einen „wechat" Account anzulegen und Ihre wichtigen Freun-de dazu anregen, das Gleiche zu tun. Damit habe Sie eine Platt-form, die „WhatsApp" bei weitem in den Schatten stellt. Neben der Kommunikation über Textnachrichten, kostenlose Telefo-nate und Video-Unterhaltungen können Sie darüber auch Ihre neusten Schnappschüsse teilen und Ihr „wechat" Konto auch zum Bezahlen nutzen. Dazu können Sie ganz einfach das „wechat" Konto mit einer Bankkarte verbinden und fertig. „Wechat" bie-tet noch dutzende weitere Funktionen, die ich unten näher be-schreiben werde, für den Reisenden reicht aber erst mal das hier Genannte aus.

Weiterhin kann es sinnvoll sein, sich eine chinesische SIM Karte mit einer chinesischen Telefonnummer zuzulegen. Falls Sie vorhaben, mehrmals nach China zu reisen, dann rate ich Ih-nen sehr dazu. Eine SIM-Karte bekommen Sie ganz einfach. Sie gehen zum nächstbesten größeren Mobiltelefonie-Geschäft und kaufen sich eine. Dafür brauchen Sie Ihren Reisepass und eine chinesische Adresse, wobei jede Hoteladresse akzeptiert wird. Der Mitarbeiter wird die Karte in Ihr Handy einlegen und ei-nen Probeanruf machen. Wenn Sie den Laden nach weniger als 10 Minuten verlassen, sind Sie an das chinesische Kommunikati-onsnetz angeschlossen. Am besten ist es, Sie wählen einen Mischtarif aus Telefon, SMS und Internet. Dann wird exakt das berechnet, was Sie nutzen. Kontingentverträge mit 100 Frei-SMS oder 200 Frei-Minuten, von denen Sie sowieso nur 5 nutzen werden, gibt es hier zwar auch, werden aber selten nachgefragt. Das Internet und die Telefonate sind preiswert und schnell und überall verfügbar. Die geografische Abdeckung mit Hochgeschwindigkeits-Internet ist in China bei weitem größer als in Deutschland.

Fernsehen ist für die Generation der Chinesen unter 40 eigentlich ein Unterhaltungsmittel aus der Mottenkiste, was zum einen daran liegt, dass man über Smartphone, Tablet und Notebook ein viel größeres Programmangebot viel flexibler empfangen kann, zum anderen liegt es daran, dass die Qualität der chinesischen Fernsehinhalte sehr stark an die amerikanischen angelehnt ist, will heißen, es ist einfach zum Davonlaufen. Die Programme konzentrieren sich auf endlos lange Quizshows, Kampffilme und Gesangs- oder sonstige Wettbewerbe. Immerhin gibt es einen guten Fußball-Kanal, der immer Spiele aus den spanischen, englischen und deutschen Ligen live überträgt, ohne Zusatzgebühren. Sie können im Hotel ja einmal das Fernsehgerät einschalten, um selber einen Eindruck zu gewinnen, aber ich prognostiziere, dass das chinesische TV-Programm nicht zu Ihrer regelmäßigen Abendunterhaltung wird.

7 Einkaufserlebnisse

Shopping gehört zum Alltag der Chinesen so wie das Atmen. Und auch Sie als Reisender werden viele Shopping-Erlebnisse haben. Werfen wir einen Blick auf das, was Sie dabei erleben können. Da sind zunächst die großen Shopping-Malls, in denen Sie auf den ersten Blick keine großen Unterschiede zu unseren westlichen Einkaufszentren feststellen können. Sie finden dort alle uns bekannten Marken und dazu noch solche aus Ostasien. Zunächst mag es Sie wundern, wie diese Geschäfte Umsatz und Gewinn machen, sind sie doch tagsüber ziemlich leer. Aber am Abend und am Wochenende ändert sich das schlagartig. Dann boomt das Geschäft. Personal ist äußerst zahlreich vorhanden, sobald Sie nur in die Nähe der Auslagen kommen, steht schon jemand bereit, Sie zu unterstützen. Bei Fremden ist das Personal immer dezent, zurückhaltend und nicht aufdringlich, was aber einfach an der mangelhaften Kommunikationsfähigkeit liegt. Chinesen hingegen werden von einem Schwarm umringt, der die Kunden verfolgt, wo immer sie auch hingehen und solange auf ihn einreden, bis er endlich etwas gekauft oder genervt den Laden verlassen hat. Guter Service ist oft geboten, aber Schnäppchenpreise können Sie nicht erwarten, denn westliche Markenartikel sind sogar teurer als hierzulande. Aber kaufen Sie doch mal Bekleidung, Sportausstattung oder Schuhe einer chinesischen Marke. Die Qualität ist gut, das Design äußerst flott und die Preise sind günstig.

Supermärkte haben ein ähnliches Warenangebot, wie Sie es von zuhause kennen, doch vor den Regalen steht eine ganze Armee von Verkäuferinnen, die ihre Waren anpreisen. Auf der Fläche, die in Deutschland von 2−3 Beratern abgedeckt wird, kommen in China locker 40−50 Personen. Und wenn Sie einmal eine dieser Verkäuferinnen auf Chinesisch nach einem Artikel fragen und diese Sie nicht versteht, dann werden in einer Art Domino-Ver-

Im Supermarkt

fahren Ihr Einkaufswunsch und das dazugehörige, wahrscheinlich minimal falsch, aber dadurch unverständlich ausgesprochene Wort zur nächsten und übernächsten Verkäuferin weitergegeben, bis es dann endlich Klick macht und eine der vielen erahnt, was Sie suchen. Wenn Sie zur Obst und Gemüseabteilung gehen, dann werden Sie staunen, dass hier zum einen die einzelnen Artikel ganz akkurat aufgereiht oder übereinandergestapelt sind, zum anderen darüber das die chinesische Kundin jedes einzelne Teil gründlich auf Qualität prüft, bevor es in die Tüte kommt. Das gilt nicht nur für die großen Melonen oder die Durian Früchte, sondern auch für die ganz kleinen wie Erdbeeren und Erdnüsse. Sie müssen mit Ihren Tüten immer zu einer Kasse gehen, wo Ihre Einkäufe gewogen und mit dem Preisschild versehen werden. Diese Kassen sind immer innerhalb der jeweiligen Abteilung zu finden. Und es ist klar geregelt, dass an der Obst-Waage kein Gemüse und an der Gemüse-Waage kein Obst gewogen wird. Weiterhin wird Ihrer Nase auffallen, dass der Duft von getrocknetem oder frischem Fisch und Fleisch durch den ganzen Supermarkt strömt, ja oft schon vor dem Eingang deutlich spürbar ist. In den Supermärkten finden Sie alles, was Sie so im Alltag benötigen könnten, und dazu Essbares aller Art, auch für den kleinen Hunger zwischendurch. Letztlich bedeutet diese Angebotsfülle auch, dass Sie in Ihren Koffer nichts einpacken müssen, was Sie eventuell einmal benötigen würden. Sie bekommen doch alles vor Ort. Gleiches gilt für den Medikamentenvorrat, den viele so gerne von einer Reise zur anderen mit sich schleppen. Nicht nötig, denn gegen Kopfschmerzen, Durchfall und Fieber hat die nächste Apotheke etwas im Angebot und eine davon ist mit Sicherheit nicht mehr als 10 Minuten entfernt und auch noch um 22 Uhr geöffnet.

Straßenmärkte haben ein buntes Sortiment, scheinbar ohne klare Regeln, aber doch interessant für Reisende, weil Sie hier die Mischung aus Souvenirs und Gebrauchsgegenständen aller Art finden. Das ist auch der Ort, wo Touristen gerne einmal übers Ohr gehauen werden und wo Sie handeln müssen. Selbst wenn

Auf dem Straßenmarkt

Sie glauben, Sie hätten den Preis unglaublich tief gedrückt, machen die Verkäufer noch ein Geschäft. „Win-win" nennt man das.

Familiengeführte „Convenience" Geschäfte säumen die Straßen, manchmal nicht größer als drei Garagen. Hier finden Sie förmlich alles, auch wenn es oft wundersam ist, wo das Teil, nach dem Sie fragen, gelagert wurde. Diese Geschäfte sind bis Mitternacht oder gar rund um die Uhr geöffnet. Schauen Sie sich um, wenn Sie keine konkrete Kaufabsicht haben, oder fragen Sie, wenn Sie etwas Bestimmtes suchen und nicht gleich finden.

In der Bäckerei

Und vergessen Sie nicht, auch einmal eine der Bäckereien aufzu-
suchen, um die wirklich sehr leckeren Süßwaren zu probieren.
Dazu nehmen Sie am Eingang ein Tablett und eine Zange und
damit greifen Sie das aus den Regalen, was Ihnen zusagt. Vorsicht, es ist nicht immer alles süß, was es in einer Bäckerei gibt.
Viele Teigwaren sind salzig, scharf oder haben sogar Knoblauch-
geschmack. An der Kasse geben Sie Ihr Tablett dann einem der
mit Mundschutz versehenen Kassierer und schon steht dem Genuss
nichts mehr im Wege. Wenn Sie mit der Bäckerei-Tüte dann
in eines der gemütlichen Cafés gehen, wird Ihnen in der Regel
niemand sagen, dass man Mitgebrachtes hier nicht verzehren darf,
nur die großen amerikanischen und koreanischen Caféketten
lassen das nicht mehr zu.

Bauern aus den umliegenden Dörfern kommen schon früh morgens in die Stadt. Sie breiten ihr Obst und Gemüse direkt neben

Bauernmarkt

der Straße oder an einem Marktstand aus oder sie sind mit einem dreirädrigen Fahrzeug unterwegs, auf dessen Ladefläche die Ware liegt. Damit können Sie je nach Nachfrage immer wieder andere Verkaufsorte ansteuern.

8 Geld und Bezahlen

Zu Ihren Zahlungsmitteln zählen die bei uns geläufigen Kredit-karten sowie chinesisches Bargeld. Erstere in Hotels, gehobenen Restaurants, beim Online-Shopping oder im Designer Laden und in der Mall, Letzteres in den anderen Einrichtungen, die Ihnen etwas für Geld anbieten.

Bargeld gibt es über Ihre Kreditkarte, entsprechende Bank-automaten dafür an jeder Ecke, übrigens oft von Sicherheitsper-sonal bewacht und mit einer von innen abschließbaren Tür ge-schützt, sodass Sie ganz bequem und sicher Geld abheben können. Drücken Sie an dem Automaten zunächst die Taste „English", danach kommt Ihnen alles vertraut vor. Ihr Portemonnaie wird übrigens ziemlich dick werden, denn weil der größte verfügbare Schein nur einen Gegenwert von etwa 14 Euro hat, werden Sie immer ein ganzes Bündel von Scheinen bei sich haben. Irgend-wie ein cooles Gefühl.

Falls Sie meinem Ratschlag folgen und erstens einen „we-chat" oder „Alipay" Account einrichten und diesen mit einer Bankkarte verbinden, dann werden Sie nicht mehr viele Gele-genheiten haben, das Bündel von Scheinen kleiner werden zu lassen, weil Sie nahezu alles über diese Apps bezahlen können. Sie müssen nur den an der Kasse aufgeklebten QR-Code ein-scannen und die Zahlung mit Ihrem persönlichen PIN Code, der in China übrigens immer 6-stellig sein muss, abschließen. Und irgendein Zufallsgenerator oder eine Regel des entsprechenden Shops sorgt manchmal dafür, dass Sie oft noch einen kleinen Ra-batt bekommen. Mit dieser Zahlungsvariante können Sie übri-gens nicht nur im Supermarkt oder Restaurant bezahlen, son-dern auch am Obststand auf der Straße, bei dem Sie gerade 3 Bananen gekauft haben.

Preise haben mit Ausnahme der Supermärkte keine Nach-kommastellen, sodass es ausreicht, 1 RMB Münzen oder Scheine mit sich zu führen. Die kleineren Münzen, die Sie im Supermarkt als Wechselgeld erhalten, haben für den Reisenden keine praktische Bedeutung. Lassen Sie sie einfach im Hotel liegen.

Chinesen nutzen das bargeldlose Bezahlen sehr intensiv, ja man kann schon sagen, nahezu exklusiv. Aber dazu mehr im folgenden Kapitel.

Auch als Ausländer können Sie problemlos eine Bankkarte erhalten. Dazu gehen Sie einfach in eine Bank, idealerweise in eine, die auch in Deutschland eine Niederlassung hat. Sie müssen auch hier nur eine Adresse in China vorweisen und den Pass vorzeigen. Für diejenigen, die nur selten nach China reisen werden, ist das nicht unbedingt zu empfehlen, für diejenigen, die öfter nach China kommen wollen, ist das aber eine sehr vorteilhafte Maßnahme. Der einmalige Aufwand wird 30 Minuten nicht übersteigen. Am einfachsten ist es, das chinesische Konto per Auslandsüberweisung zu füllen und dann mit den chinesischen Bezahl-Apps zu verknüpfen. Das kostet dann je nach Bank eine gewisse Gebühr. Wer es gebührenfrei haben will, füllt das Konto der chinesischen Bank in Deutschland auf, geht in China zum Geldautomaten und hebt den notwendigen Betrag bar ab. Im nächsten Schritt stecken Sie Ihre chinesische Bankkarte in den Automaten und zahlen das vorher abgehobene Geld sofort wieder ein. In 5 Minuten sind somit alle Voraussetzungen für bargeldloses Zahlen in China erfüllt.

9 Was noch fehlt – Weitere Reisetipps

Sie haben in diesem Kapitel viel darüber erfahren, wie Sie nach China reisen können oder sollten, wie Sie sich im Lande bewegen, wie Sie übernachten, essen, trinken, kommunizieren, einkaufen und bezahlen können. Im Moment denke ich, dass das den Teil „Reisepraxis" einigermaßen vollständig abdeckt. Trotzdem nehme ich den Punkt „Weitere Reisetipps" hier auf. Falls mir später beim Schreiben noch etwas Interessantes einfallen sollte, dann werde ich es hier einfügen:

Wenn Sie jetzt im Moment des Lesens an dieser Stelle immer noch nur diese Zeilen sehen, dann ist mir nichts Weiteres mehr zum Thema „Reisepraxis" eingefallen. Also lesen Sie weiter, um im nächsten Hauptteil anhand von Geschichten und Anekdoten mehr über das wahre Leben in China zu erfahren.

C Aus dem Chinesischen Alltag

Das Leben in China, einem Staat, der eher einem Kontinent als einem Land gleicht, ist – eigentlich ein banaler, aber doch sehr wahrer Satz – unendlich vielfältig. Es umfassend zu schildern bedarf einer ganzen Armee von Autoren, die Tag und Nacht wochenlang schreiben müssten. Also wählen wir aus. Aber nach welchen Kriterien? Nun, ich will keine Systematik dafür entwickeln, sondern ich will etwas auswählen, das mir interessant erscheint und was in den zahlreichen Standard-Reiseführern oder Büchern über China vielleicht noch nicht oder nur am Rande erwähnt wurde. Meine Auswahl ist authentisch, also entstammt dem, was ich erlebt, gesehen und hineininterpretiert habe. Trotzdem muss ich natürlich auch entscheiden, wie viel Stoff ich Ihnen hier zumute beziehungsweise weshalb ich Ihnen nicht mehr bieten kann, wenn Sie am Ende dieses Teiles nach mehr schreien. Nun habe ich mich entschieden, hier auf acht Phänomene einzugehen, wegen der Magie dieser Zahl. Mit diesen acht Geschichten erhoffe ich mir, Ihnen Eindrücke unterschiedlichster Art vom Lebensstil in China zu vermitteln. Diese sollen Sie ermutigen, nicht nur von einer Sehenswürdigkeit zur anderen zu hetzen, sondern selbst die Chance zu nutzen, etwas länger an einem Ort, bei einem Geschehen zu verweilen, wenn Sie den Eindruck haben, dass jetzt genau in diesem Moment etwas ganz Interessantes geschehen wird. Eigene Beobachtungen machen Sie am besten, wenn Sie ohne konkretes Ziel durch die Straßen einer Stadt schlendern und die Augen fortwährend von links nach rechts drehen und zurück, wenn Sie mit einem lokalen Bus vielleicht einmal in das nächste Dorf fahren, in den Städten die Gassen der alten Stadtteile erkunden, wenn Sie auch einfach einmal ein Geschäft neugierig betreten, in dem irgendwelche Maschinen irgendetwas herstellen. Alles, was Sie sehen werden, hat etwas Interessantes, Unbekanntes, ja manchmal auch Abstoßendes zu bieten. Wenn Sie etwas Chinesisch können, dann sprechen Sie die Leute an. Man wird Sie nicht hinausschmeißen, im Gegenteil, schnell entsteht ein kleines Gespräch, ein Stuhl, na ja sagen wir besser Hocker, wird Ihnen gebracht, ein Becher Tee oder heißes Wasser und wenn Sie nach 10 Minuten wieder gehen, sind Sie um einen Eindruck reicher und könnten selbst ein weiteres Kapitel hier anfügen. Und Ihr chinesischer Gastgeber wundert sich vielleicht über den seltsamen Fremden, aber mit einem Schmunzeln, oder er hat Sie zwei Minuten später wieder vergessen, weil er weiterarbeiten will oder muss.

1 Wohnungskauf – „One-Stop" Shopping

In China kauft man Immobilien etwa so schnell, wie wir am Samstagmorgen Brötchen beim Bäcker holen. Schauen wir uns ein typisches Beispiel an. Ort der Handlung ist Hangzhou Wan, eine neue Stadt unmittelbar südlich der Hangzhou Bucht, eine Stunde von Ningbo und 90 Minuten von Shanghai und Hangzhou entfernt, in der Provinz Zhejiang. Vor 2013 gab es hier nur ein paar Dörfer, Bauern und Sumpfland nahe dem Meer, ein Vogelschutzgebiet und wenige alte schmale Straßen voller Schlaglöcher.

Seit 2013 ist einiges Erstaunliches in Hangzhou Wan geschehen. Die Regierung hat diese Gegend als neuen Arbeits- und Lebensraum bestimmt und mehrere große Automobilwerke haben diese Gegend als idealen Standort auserkoren, natürlich wurden diese auch von der Regierung vorausgewählt und sie

Hangzhou Wan – Gesamtansicht

werden finanziell gefördert. Sie sind mittlerweile fertig gebaut und in Betrieb genommen worden, dutzende Zuliefererbetriebe und zahlreiche andere Unternehmungen haben ebenfalls ihre Arbeit aufgenommen. Man braucht Arbeiter und die brauchen Wohnraum. Also wurde gebaut.

Zahlreiche Blöcke mit jeweils 10–15 Hochhäusern, jedes Haus hat 30–35 Etagen und bietet Wohnraum für 700 bis 900 Bewohner. Dazu sind eine Mall mit Supermarkt entstanden, Bekleidungsgeschäfte, Restaurants, Cafés, unzählige kleine Läden und Imbisse. Ein internationales Hotel, ein paar kleine Hotels, erste Handwerksbetriebe, ein Sport- und Erholungspark, Bars, Musikkneipen, zwei Vergnügungsparks. All das ist mit 6-spurigen Straßen gut erschlossen, dazu ein ordentliches Bussystem, erste Taxis. Kurzum, Stadtplanung aus einem Guss. Also gibt es jetzt Wohnraum für ungefähr 100.000 Menschen. Die Erweiterung bis auf 300.000 Einwohner ist bereits geplant und die Bauarbeiten dafür sind im vollen Gange. Jeder Wohnblock, also eine Einheit von 10–15 Hochhäusern, ist von einem stabilen Zaun um-

Hangzhou Wan – Wohnblock

fasst, hat eine Tiefgarage über mehrere Ebenen und wird rund um die Uhr von einem Sicherheitsdienst bewacht. Zwischen den Häusern gibt es Grünanlagen, Teiche, die typischen chinesischen Bogenbrücken, Plätze zum Wäscheaufhängen, für die abendliche Gymnastik der Älteren und zum Basketballspielen für die Jüngeren. Es ist ganz ruhig hier und doch ist das laute Leben nur einhundert Meter entfernt.

Schulen und Kindergärten sind schon da, ebenfalls eine Universität mit den obligatorischen Studentenwohnheimen. Anschluss an das Fernbus System ist ebenso vorhanden wie erste Versuche eines Nachtmarktes. Und schon wird weiter gebaut. Ein hypermodernes Krankenhaus, das heißt in China medizinische Vollversorgung, stationär und ambulant, und daneben Wohnanlagen für das gesamte medizinische Personal und alle anderen Angestellten eines Krankenhauses. Im Bau befinden sich ein Business Center mit Banken, Versicherungen, weiteren Shops, dazu Kinos und ein Theater. Das alles bedeutet sehr viele weitere Arbeitsplätze. Fertigstellung in einem Jahr, höchstens.

Wenn man auf Hangzhou Wan zufährt, dann taucht irgendwann im Dunst, ja meist ist es hier dunstig, aber es gibt nicht den Pekinger Smog, dieses Ungetüm aus sandfarbigem Beton auf, surreal, wie eine Fata Morgana. Aus dem Nichts, und doch real, zum Anfassen. Es ist nicht das typische China mit dem quirligen Leben, den unzähligen Familienbetrieben, dem nie enden wollenden Lärm über den ganzen Tag. Niemand spielt abends Mah-Jongg oder tanzt im Park, keine Qi Gong Übungen am Morgen und keine Abendspaziergänge im Schlafanzug. All das gibt es nicht, noch nicht. Wer hier wohnt, arbeitet am Tag und ruht am Abend. Hangzhou Wan hat kein Herz und keine Seele, noch nicht. Ob es jemals eines haben wird? Es ist ein Beispiel für unzählige aufstrebende neue Städte, die auch einen Blick auf Chinas Kraft und Wachstum eröffnen.

Mehr als die Hälfte der Wohnungen hier steht leer, steht noch leer, kein Licht am Abend, keine zum Trocknen aufgehängte Wäsche am Tag. Die bereits bewohnten Einheiten wirken schon nach 3

Jahren etwas abgewohnt. Das liegt vor allem an den Fenstern. Man erahnt, dass sie nicht richtig schließen. Und sie sind staubig, verschmutzt, wahrscheinlich werden sie nie geputzt. Von innen mit Vorhängen verschlossen, wobei der Begriff „Vorhang" gar nicht richtig zutrifft, wenn man damit auch so etwas wie Wohnraumgestaltung und Design verbindet. Es sind einfach dicke einfarbige Stoffe, die irgendwie an der Decke befestigt sind und vor den Scheiben herumhängen. Also um diesen Ort geht es. Kauft hier jemand Wohnungen? Und warum?

Die Antwort auf die erste Frage ist: „Ja, selbstverständlich" und auf die zweite Frage ist: „Ich bin sicher, dass sich der Wert der Wohnungen sehr schnell signifikant erhöhen wird." Wie muss man sich jetzt einen solchen Wohnungskauf vorstellen? Zunächst sollten Sie bitte völlig vergessen, wie Wohnungen oder Häuser in Deutschland verkauft werden. Hier geht das völlig anders, und zwar folgendermaßen:

In zentraler Lage gibt es ein Immobilien-Büro, mit zahlreichen, aber doch viel zu wenigen Parkplätzen und mehreren Dutzend Verkäufern. Man kennt in Ningbo, Hangzhou und Shanghai, aber auch in weiter entfernten Orten die Angebote und kommt hierher mit dem eigenen Auto oder im Bus. Das Reisegepäck besteht aus einer Handtasche, Bargeld, Bankkarte und ein paar Dokumenten. Der Tag ist egal, Montag bis Sonntag ist geöffnet, 10 Stunden am Tag. Die Autos werden irgendwo am Rand oder auch mitten auf der Straße abgestellt, Hauptsache, der Weg wird nicht zu weit. Eine Handvoll gut gekleideter und frisch frisierter junger Menschen flankiert die Kunden zum Eingang, dort geht man nach links und füllt ein Formular mit den persönlichen Daten aus. Damit ist das Kaufinteresse bereits vollständig dokumentiert. Dann kann man einen 10-minütigen Werbefilm ansehen, aber das macht kaum jemand. Im Film sieht man viele Bilder vom Vergnügungspark, oft mit europäischen Besuchern, also Hangzhou Wan ist international, was es natürlich nicht ist. Es geht weiter mit Szenen von hellgelbem Strand und blauem Meerwasser. Ja, das Meer ist nur 5 Kilometer entfernt, aber es ist nicht zugänglich und weder gibt es dort gelben Sand noch blaues Wasser. Die angebotenen Häuser werden auch gezeigt, aus der Vogelperspektive. Ein paar Sekunden sind für Einrichtungen wie Universität und Schule reserviert. Und das war es. Kein einziges Bild, das die Wohnung von innen zeigt.

Als nächsten Schritt holt man sich ein DIN A3 großes Farbposter mit dem Grundriss und Zuschnitt der einzelnen Wohnungstypen. Es gibt nur 3 Wohnungsgrößen, egal in welchem Haus. Also fällt die Entscheidung schnell, ob man Typ A, B oder C kaufen möchte. Jetzt ist es an der Zeit, sich an einen kleinen runden Tisch zu setzen. Hier findet das erste Beratungsgespräch statt. Mit schnellen Sätzen werden die Objekte so erklärt, wie es die Verkäufer in ihren kurzen, aber effizienten Schulungen gelernt haben, Fragen haben die Kunden sowieso nur wenige, die Entscheidung für die Art der Wohnung ist schnell gefallen. Die Preise sind nicht verhandelbar und egal ob in der 3., 17. oder 26. Etage, sie sind immer gleich.

Dann geht es zu einem plastischen Modell der ganzen Stadt und hier wird gezeigt, in welchen Häusern heute verkauft wird. Wenn heute also im Block 3 Haus Nummer 5 und 8 angeboten werden, dann kann man im Block 7 Nummer 4 eben nicht kaufen. Dann muss man wiederkommen, wenn dort verkauft wird. Aber das ist ohnehin egal. Wer immer noch etwas wissen will, in der Tat sind das sehr wenige, der kann sich noch mit einem Laserpointer auf einer Umgebungskarte zeigen lassen, wo sich seine zukünftige Immobilie befindet. Und wenn man dann Shanghai oder den Flughafen Ningbo gleich nebenan sieht, weil der Anbieter es hier mit dem Maßstab nicht so genau nimmt, dann ist man vollends überzeugt, heute alles richtig zu machen. Wem das alles noch nicht reicht, der kann noch einen Blick aus der Vogelperspektive auf jeweils eines der Modelle mit den 3 Wohnungsgrößen werfen. Wie in einer Puppenstube werden die Zimmer mit Einrichtungsbeispielen gezeigt. Koch- und Essbereich, Wohnzimmer, ein oder zwei Schlafzimmer, ein oder zwei Bäder, ein oder zwei Balkone. Das ist alles ganz liebevoll gestaltet. Ob die reale Wohnung später auch so liebevoll gestaltet sein wird, spielt jetzt wirklich keine Rolle.

Irgendwo in dem übervollen Raum steht ein Tisch, hinter dem mehrere wichtige Personen sitzen, denen die Kunden, die oft selbst keinen Platz mehr vor dem Tisch finden, ein Bündel von Formularen über die Köpfe der anderen hinweg reichen. Diese werden überprüft, mehrfach rot gestempelt und zurückgegeben. Das ist also schon der (notariell beglaubigte) Kaufvertrag. Jetzt ist es auch schon fast geschafft, nur noch zwei kleine Schritte stehen aus. Der erste führt in einen weiteren kleinen Raum mit einer Art Bankschalter. Zweifelsohne geht es darum, die Anzahlung zu leisten. Bar oder Banktransfer, 20 oder 30 oder 50 Prozent, auf jeden Fall schon eine beachtliche Summe. Diskrete Kundenbetreuung? Nein, natürlich nicht, warum auch? Jeder weiß sowieso, dass alle Käufer ein ordentliches Vermögen haben. Dann geht man noch schnell in den letzten Raum, um den Rest des Kaufpreises zu finanzieren. Eine Stunde ist vorüber, alles ist erledigt. In der Snackbar nebenan wird dann noch rasch eine scharfe Rindfleischnudelsuppe geschlürft und schon geht es zurück nach Hause.

So wurde der Immobilienkauf zu einem Tagesausflug. Unaufgeregt, routiniert, schnell. Oh, sie sagen, es fehlt noch etwas, die Wohnungsbesichtigung. Diese fehlt, in der Tat, aber warum dieser zusätzliche Aufwand? Es gab doch ein schönes Modell zu sehen, das reicht doch aus, wozu noch einmal eine weitere Stunde dranhängen. „Ich wollte doch nur mal schnell ein paar Brötchen beziehungsweise eine Wohnung kaufen."

Gegen Abend leeren sich die Parkplätze, die Straßen sind wieder für die fahrenden Autos vorgesehen und in einem der hinteren Räume des Immobilienbüros werden die eleganten Business-Schuhe gegen bequeme Sportschuhe ausgetauscht und dann wird es für die Nachtstunden ruhig, bis am nächsten Morgen der Ansturm neuer Käufer auch diesen Ort wieder zur lauten Business Lokation werden lässt.

2 Die allgegenwärtige Partei

In allen staatlichen und halbstaatlichen Unternehmen, aber auch in vielen Privatunternehmen, ist die Partei präsent, mit realen Kadern, Aktionen und großem Budget. Alles zum Wohle und zur Motivation der Mitarbeiter und damit des Unternehmens. Propaganda ist eine der Hauptaufgaben des Parteivertreters und seines Teams in den Firmen, aber darauf will ich hier nicht eingehen. Vielmehr wollen wir einen intensiveren Blick auf das real existierende „Rundum Versorgungspaket" werfen, in das die Partei erstaunliche Dinge eingepackt hat.

Die nachfolgend geschilderten Beispiele sind nur ein Ausschnitt der Parteiaktivitäten. Letztlich ist sie immer präsent und es hängt von der Persönlichkeit des jeweiligen Parteisekretärs einer jeden Firma ab, wie viel Arbeitszeit die Mitarbeiter für von der Partei organisierte Aktionen aufbringen müssen. Das Management muss das akzeptieren, aber insbesondere den ausländischen Managern der Joint Venture Unternehmen fällt das nicht immer leicht. Trotzdem sollte man der Partei schon zugestehen, dass sie wirklich in bester Absicht handelt, also mit ihrem Aktionismus positiv auf die Unternehmensziele einwirken will.

Episode-1: Geschenke-Berge

Die folgende Geschichte passierte so in einem deutsch-chinesischen Joint Venture Unternehmen im Großraum Shanghai irgendwann gegen Ende des Jahres des Hasen, also 2016. Sie wird aber in ähnlicher Form auch in tausenden anderen Betrieben so zu erleben sein.

Es ist Dienstagvormittag gegen 10 Uhr, als ein Lagermitarbeiter große Pakete in die Büros der Angestellten schleppt und jedem Mitarbeiter eines davon auf den Schreibtisch stellt. Beim Auspacken erscheint ein qualitativ recht gutklassiger Desktop-

Bluetooth Lautsprecher in der Abmessung eines Schuhkartons. „Den schenkt euch die Partei." „Oh Danke, das ist aber sehr nett, aus welchem Anlass denn?" Nun, es bedarf nicht immer eines konkreten Anlasses, die Idee ist wohl dem offiziellen Vertreter der Partei im Unternehmen gekommen und für die – sagen wir mal lächerlichen – Kosten hat er einen gut gefüllten Budgettopf. Die neugierigen Mitarbeiter recherchieren schnell in Online-Shops nach diesem Teil und ermitteln einen Wert von umgerechnet etwa 80 Euro, also keine Kleinigkeit bei mehreren Hundert Mitarbeitern. „Die Partei möchte euch eine kleine Freude machen" – „Danke, Partei." Keine vier Tage später trifft das nächste Paket ein, dieses Mal für alle Mitarbeiter, Angestellten und Arbeiter. Beim Auspacken kommt dieses Mal ein schön geformter Thermo-Becher zum Vorschein. Absender ist heute die Gewerkschaft, sozusagen die andere Seite der „Medaille Partei". Na ja, bald ist Weihnachten, vielleicht deshalb? Aber Weihnachten ist in China ja kein Feiertag, nicht mal ein besonderer Tag. Ach, so nett von der Partei, äh der Gewerkschaft natürlich. Am Anfang der folgenden Woche wird die Belegschaft mit einem neuen Geschenk erfreut, dieses Mal aber nur für speziell ausgewählte Mitarbeiter. Niemand weiß, wer nach welchen Kriterien die Auswahl vorgenommen hat, aber das ist auch egal, denn beim nächsten Mal wird wieder eine andere Gruppe beglückt. Ein schwerer Karton liegt in der Hand und darin befindet sich ein in Leder gebundenes Notizbuch, DIN A5, das mit einem als Schloss getarntem USB Stick versehen ist und in dessen Rückseite ein Power-Pack eingearbeitet wurde, um im Bedarfsfall Smartphone oder Tablet nachzuladen. Natürlich hat das schwere Buch Anschlüsse für alle gängigen Mobilgeräte.

Langsam stapeln sich die Geschenkkartons auf und neben den Schreibtischen, aber der Turm wird weiterwachsen. Noch in der gleichen Woche trifft eine Schachtel mit einem Schokoladen-Nougat Riegel, einer Dose Pistazien, einer weiteren Dose mit chinesischen Nüssen und zwei Tafeln Schokolade ein. Immerhin können diejenigen, die ihren Eigenbedarf längst als erfüllt ansehen, Teile davon an Kollegen weitergeben. Mitte der Woche drei des

Geschenke der Partei

Geschenkemonats trifft erneut ein Bluetooth Lautsprecher ein, sehr klein dieses Mal, aber mit sauberem Klang, bestens geeignet für die immer bedrohlicher werdende Beschallung mit den Standard-Liedern für das bald kommende Frühlingsfest. Es wird später sehr gut in die kleinen chinesischen Badezimmer passen.

Schließlich kulminiert das Ganze in Woche vier mit einer batteriebetriebenen Fusselbürste, die genau zur richtigen Jahreszeit eintrifft, um den verfilzten Winterschal aufzufrischen. Und als Höhepunkt der Geschenkorgie kommt wenig später ein Karton mit 12 Äpfeln, ein weiterer mit 8 Birnen und zum guten Schluss noch einer mit 20 Eiern an. Für jeden Mitarbeiter, nicht etwa für eine Abteilung oder Arbeitsgruppe.

Manche Mitarbeiter spekulieren um diese Jahreszeit auch über die Höhe des Jahres-Bonus, andere sagen, dass all diese Kartons bereits der Bonus seien. Was ist hier los? Die meisten Mitarbeiter sind entsetzt über die Mengen von Geschenken, die kaum jemand verwenden und schon gar nicht konsumieren kann, aber die Partei führt eine schöne Tradition aus den 50er Jahren des vergangenen Jahrhunderts fort und freut sich über die glücklichen Genossen. Manches kann man ja mit nach Hause nehmen und in die familiäre Vorratskammer einlagern, manches kann man online weiterverkaufen, die meisten würden sich aber schlicht und einfach über Barzuwendungen mehr freuen, anstatt mit realen Produkten überhäuft zu werden. Was sollten wir uns also merken? Jederzeit kann ein Karton mit irgendetwas auf dem Schreibtisch stehen. Vor den Parteigeschenken kann niemand davonlaufen. Der Parteichef glaubt, die Mitarbeiter bewundern ihn dafür, die Mitarbeiter denken … Nun, das überlassen wir dann doch der Spekulation.

Episode-2: Eine Gala folgt der anderen

Glücklich sollen die Mitarbeiter sein, so wünscht es sich die Partei. Glückliche Mitarbeiter steigern das Selbstwertgefühl des betrieblichen Parteichefs und das werden die Parteikader in den Etagen über ihm irgendwann zu honorieren wissen. Deshalb ist die Partei, neben den Geschenk-Orgien, kreativ genug, sich weiter ins Rampenlicht zu rücken, indem sie über das Jahr verteilt zahlreiche Veranstaltungen organisiert, in denen etwas zelebriert wird, das hierzulande als Team-Building tituliert werden würde. Anlässe gibt es genug. Zum einen bieten sich dazu die zahlreichen chinesischen traditionellen Feiertage an, Frühlingsfest-Gala, Mondfest-Gala oder Nationalfeiertags-Gala. Andere Anlässe sind das Erreichen eines Umsatzzieles, die spontane Idee des Parteisekretärs oder ein Besuch einer Delegation aus dem Schwesterwerk. Dann wird geplant, organisiert, Lieder, Sketche und Spiele werden einstudiert, Reden werden vorbereitet und bei Bedarf sogar übersetzt, Moderatoren werden ausgewählt, kurzum, ein 2-stündiges Programm wird auf die Beine gestellt oder auch schon mal ein Ganztages-Event zur sportlichen Ertüchtigung, selbstverständlich am Abend oder am Wochenende, damit die normale Arbeitszeit nicht in Anspruch genommen werden muss. Viele Mitarbeiter sind in die Vorbereitung und Durchführung dieser Feste eingebunden, nicht immer ganz freiwillig, aber doch so, dass niemand Nein sagen kann. Wenn die Partei ruft, ist Nein-Sagen immer noch keine Option. Mehrere Abende ist man damit beschäftigt, sodass ein Privatleben dann nicht mehr möglich ist, aber das ist nach Feierabend ohnehin keine prickelnde Angelegenheit, insoweit hat die Partei auch nie das Gefühl, dass sie Mitarbeitern damit etwas Ungewolltes zumutet. Und wenn dann auch tagsüber eine 3-stündige Probe angesetzt wird, kann nicht einmal der Fachvorgesetzte der beteiligten Mitarbeiter sein Veto einlegen. Liegengebliebene Arbeit wird dann am darauffolgenden Wochenende nachgeholt, an dem der Parteisekretär sich an seiner Freizeit erfreuen kann.

Lokale Restaurants, die für das Catering ausgewählt wurden, machen jetzt ein gutes Geschäft. Ebenso Kostümverleihe, Friseure, Maskenbildner, Dekorateure, Bühnentechniker, also die ganze Palette von Akteuren, die auch bei der Oscar Verleihung eingespannt würden. Natürlich ist die Partei bei der Frage nach den Kosten nicht kleinlich, aber fairerweise muss ich anmerken, dass Essen und Getränke in Menge und Qualität eher bescheiden ausfallen. Es gibt also die großen Orgien der Vergangenheit nicht mehr. Hier wirkt schon die Direktive aus Peking, bei den Budgets für solche Veranstaltungen einen engen Rahmen einzuhalten.

Endlich ist der Tag gekommen, an dem das Fest gefeiert wird. Natürlich hält der Parteichef voller Stolz die Eröffnungsrede, macht auch dem letzten Unwissenden klar, wem man für den schönen Abend danken darf, nimmt anerkennende Wort entgegen, bedankt sich selbst für das „freiwillige" Engagement aller Akteure, glaubt womöglich sogar selbst daran, dass er einen Beitrag für die Produktivität des Unternehmens geleistet hat, klopft sich auf die Schulter und nimmt nicht wahr, wie viele aus der Belegschaft lieber den Abend für sich selbst hätten.

Die Mitarbeiter, die bei den Veranstaltungen einen guten Job gemacht haben, werden damit belohnt, beim nächsten Mal wieder mitmachen zu dürfen. Das kommentieren sie dann mit einem aufrichtigen „Danke schön". Es ist nicht primär die Angst vor der Partei, auch einmal Nein zu sagen, es ist immer noch die tief verwurzelte Erziehung, nach der man Höhergestellten oder Älteren keinen Wunsch direkt und klar ablehnen soll. Schließlich werden die Freiwilligen als Anerkennung dafür, dass sie so viel von ihrer Freizeit geopfert haben, noch zu einem Dankes-Essen eingeladen. Damit summiert sich die Anzahl der für die Partei mit Freuden geopferten Abende auf 4 bis 5, für eine Veranstaltung wohlgemerkt.

Episode-3: Massenhochzeiten

Firmenwohnheim

Das dritte Beispiel ist für unsere Kulturerfahrung wohl das kurioseste. Um den Hintergrund besser zu verstehen, müssen Sie wissen, dass ein großer Teil der Belegschaft von weit her zu der jeweiligen Firma gekommen ist, ohne Freunde, ohne Familie, in firmeneigenen Wohnheimen untergebracht und mehr oder weniger rundum versorgt wird. Sie werden aber auch kaum eine Gelegenheit bekommen, ihr Privatleben selbst in die Hand zu nehmen und nach eigenen Interessen zu gestalten. Viele Mitarbeiter spüren schnell, dass sie letztlich nur zum Arbeiten, für immer noch sehr geringen Lohn, gebraucht werden und sich in der arbeitsfreien Zeit lediglich ausruhen sollen, bedürfnis- und antriebslos und je abgelegener die Firma ist, umso stärker bestimmt sie das Leben. Abends in die Stadt zu fahren und sich zu amüsieren geht kaum, denn erstens dauert es viel zu lange, um in die Zentren zu kommen, zweitens fahren am späten Abend kaum noch Busse in die öde Industriegegend zurück und drittens können sie sich in der Stadt, dort wo das Leben lebendig und vielfältig ist, ohnehin von ihrem Gehalt nicht viel leisten. Also werden viele der erst vor kurzem angeworbenen Mitarbeiter das Unternehmen schnell wieder verlassen, es sei denn, sie finden den Partner des Lebens. Aber wie, wenn doch kaum Gelegenheit für Kontakte besteht? Keine Sorge, auch dafür ist die Partei da. Sie kümmert sich von Anfang an auch darum, ihre neuen und jungen Mitarbeiter rasch mit dem Segen der Ehe zu beglücken, natürlich innerhalb der Belegschaft, denn beide sollen doch langfristig im Unternehmen bleiben. Einerseits werden dafür in der Regel die Mitarbeiterinnen direkt darauf angesprochen, ob sie denn aus der Vielzahl der sicherlich gut geeigneten Kollegen schon eine Vorauswahl getroffen oder besser schon einen festen Partner gefunden hätten, oder ob sie denn interessiert wären, wenn ihnen der ein oder anderen Kollegen vorgestellt würde? Und immer noch ist das Selbstbewusstsein der jungen Leute nicht groß genug, um dem Parteisekretär mit diesem Ansinnen zum Teufel zu jagen. Entsprechend ausweichend wird geantwortet, um ihm wenigstens für zwei Wochen diesbezüglich nicht mehr zu begegnen. Aber diese subtile Verkupplungsmethode ist ja nur der kleine Anfang im Vergleich zu den von der Partei organisierten Massenhochzeiten. Gehen wir mal davon aus, dass sich nach kurzer Zeit 30 Paare gefunden haben, die heiratswillig sind. Jetzt läuft die Glückseligmachungs-Maschine der Partei auf Hochtouren. Alle sollen doch sehen, wie glücklich diese Mitarbeiter sind, und deshalb organisiert die Partei regelmäßig, also sobald genügend Paare zur Verfügung stehen, auf dem Firmengelände Massenhochzeitsfeiern, auf denen alle Paare zeigen, wie froh sie sind, mit wohlwollender Unterstützung der Partei den richtigen Partner gefunden zu haben und jetzt auch noch dieses große Fest genießen zu dürfen. Die Partei zahlt alles, also genaugenommen zahlt natürlich die Firma. Auf einer schönen künstlichen Rasenfläche wird dann ein Buffet aufgebaut, zahlreiche Familienmitglieder sind eingeladen, Eltern tauschen sich untereinander aus und sind auf das Höchste beglückt, dass der Arbeitgeber ihres Sprösslings sich so hingebungsvoll um dessen persönliches Glück kümmert. Wie kann man jetzt noch daran denken, die Firma zu verlassen? Die Ehefrau beziehungsweise der Ehemann arbeitet ja auch hier, und bald kommt das erste Kind und auch dafür wird sich die Partei in irgendeiner Form engagieren. Auf der einen Seite der Veranstaltungsfläche sitzen die Paare, militärisch neben- und hintereinander aufgereiht, auf der anderen die Gäste. Dazwischen gibt es eine kleine Bühne für offizielle Reden und heitere Spielchen. Jedes Paar muss kurz ins Rampenlicht treten und allen Anwesenden vom persönlichen Glück erzählen und natürlich dem Unternehmen für den großartigen Tag danken. Über dem Ganzen kreist unentwegt eine Drohne mit Kamera, die das ganze Fest aufzeichnet. Der dadurch entstehende Film wird dann später, in der nächsten Runde, neuen Mitarbeitern zur Motivation vorgeführt.

So eigenartig diese Massenhochzeiten generell auch sind, so speziell ist auch die Art und Weise, wie neue Mitarbeiter darüber informiert werden. Das erfolgt nämlich in der ersten Einarbeitungswoche schon am zweiten Tag, und zwar nicht nur beiläufig, sondern mit reißerisch gestalteten Videos und persönlichen Erfahrungsberichten. Viel später in der Einarbeitungsphase werden dann Themen wie Arbeitsprozesse, Arbeitssicherheit und Ähnliches besprochen. Dagegen stehen der Inhalt des Arbeitsvertrages, das Gehaltszahlungssystem, die Regeln der Krankenversicherung und andere „unwichtige" Dinge in dieser Orientierungswoche überhaupt nicht auf der Agenda.

Man muss also nur die richtigen Prioritäten setzen, um einen harmonischen Betriebsablauf zu ermöglichen. Und die ausländische Seite des Joint Ventures schüttelt darüber den Kopf, halb amüsiert, halb entsetzt. Es sind wohl die kulturellen Unterschiede. Na ja, wenn diese Inszenierungen dazu beitragen, dass man nicht immer wieder neu nach Personal suchen muss, dann ist es schon okay.

3 Soziale Netzwerke bestimmen den Alltag

Nirgendwo auf der Welt begleiten die auf dem Smartphone installierten Apps der Sozialen Netzwerke die Menschen so umfassend wie in China. Wahrscheinlich wäre die Aussage, dass die Menschen die Sozialen Netzwerke begleiten, schon richtiger. Das Soziale Netzwerk wird wach, bevor der Chinese aufsteht, und es legt sich zu einer trügerischen Nachtruhe, nachdem der Chinese eingeschlafen ist. Rund um die Uhr werden die Apps genutzt und das nicht nur von den jungen Menschen. Rentner, die aktiv mit dem Smartphone arbeiten, also mit den smarten Funktionen, nicht nur zum Telefonieren, sind eine ebenso zahlreiche Nutzergruppe wie Schüler und Studenten. „Apple" und „Samsung" Smartphones stehen immer noch hoch im Kurs, sind immer noch ein Statussymbol, aber schnell gewinnen die chinesischen Marken „Huawei", „Oppo", „Xiaomi" und andere einen immer größer werdenden Marktanteil. Sie sind funktional und vom Design auf dem gleichen Stand, dabei aber deutlich preiswerter zu erwerben.

Wir hören hier in Deutschland oft immer nur, was in China alles verboten, gesperrt ist, wir hören wenig darüber, was in China alles entwickelt wurde, genutzt wird und wie weit uns China in dieser Hinsicht schon voraus ist. Und, um das einfach mal zu erwähnen, natürlich werden in den Sozialen Netzwerken hunderttausende von regierungskritischen Nachrichten verschickt und es wird offen über viele politischen Felder diskutiert, wahrscheinlich sogar mehr als bei uns, weil sich hierzulande mittlerweile doch eine große Menge von Bürgern von der Politik verabschiedet hat. Aber das soll nicht unser Thema sein. Wir wollen stattdessen einen Blick auf einige dieser „Apps der Sozialen Netzwerke" werfen und herausfinden, welche Änderungen sie in das Alltagsleben gebracht haben. Dazu schauen wir uns zunächst „wechat" beziehungsweise „weixin" und dann „Alipay" an.

a Wechat/Weixin – Die Kommunikationsplattform

Die wohl meist genutzte App heißt in China „weixin" und außerhalb Chinas „wechat". Wir nähern uns diesem Universum von Funktionalitäten an, indem ich zunächst einmal sage, dass das bei uns bekannte Gegenstück „WhatsApp" sein soll, aber schon in dem Moment, in dem ich diesen Bezug herstelle, muss ich sagen, das „WhatsApp" im Vergleich zum „wechat" ein funktionaler Zwerg ist. Was machen die Chinesen mit diesem Spielzeug? Nun, nicht mehr und nicht weniger als einen großen Teil ihrer täglichen Kommunikations- und Interaktionsaktivitäten darüber abzuwickeln, nein, mehr noch, es ist ohne Unterbrechung bereits der Tag selbst. Als Grundlage legt man sich einen Account an und verbindet sich mit anderen Einzel- oder Gruppenteilnehmern. Absolute Basisfunktionen sind Nachrichten schreiben, Texte verlinken, Fotos aufnehmen, bearbeiten und verschicken, Telefonate führen und Videokonferenzen in hervorragender Qualität durchführen. Das hat schon dazu geführt, dass es Festnetztelefone in China nicht mehr gibt, ja viele sogar mit diesem Begriff gar nichts mehr anfangen können. Durchschnittlich nutzen nahezu 900 Millionen Chinesen diese Applikation, nach meiner Beobachtung mindestens 6 Stunden jeden Tag.

In China gibt es eine kaum zählbare Menge von Interessengruppen, denen man sich ganz einfach mit seinem „wechat" Account anschließen kann. Ob das die Hundeliebhaber sind, Umweltaktivisten, Korea-Popmusik Fans, Freunde von Bill Gates oder was auch immer, über „wechat" verfolgt man, was in diesen Gruppen passiert, liest passiv mit oder schreibt selbst Kommentare und eigene Beiträge. Oft fängt der Tag damit an, schnell nachzuschauen, was während des Schlafes an Neuigkeiten dazugekommen ist, von Freunden, Bekannten und ebendiesen Gruppen.

Mit „wechat" kann man bezahlen. Dazu wird eine Bankkarte mit dem „wechat" Konto verbunden und ein Guthaben übertragen. Der Zahlvorgang selbst wird über das Einscannen eines QR-Codes abgewickelt. Man kann direkt den QR-Code des Geschäfts einscannen, denn dieser klebt überall gleich neben der Kasse, oder der Kassierer scannt den QR-Code des „wechat" Nutzers ein, denn mit dem Anlegen des Accounts erhält man automatisch seinen persönlichen QR-Code. Eine weitere Funktion ist es, einen Betrag direkt an einen anderen „wechat" Nutzer zu schicken. Diese Funktion wird oft genutzt, wenn eine Gruppe zum Essen geht, einer davon im Restaurant bezahlt, aber jeder danach seinen Anteil selbst tragen will. In Sekundenschnelle ist diese Art des Geldtransfers abgewickelt.

Wenn man eine Freundin einladen will, gemeinsam den gerade neu entdeckten Designerladen zu erkunden, dann schickt man ihr schnell eine Standortkarte. Damit kann sie sofort die integrierte Navigationsfunktion starten und darüber das Taxi bestellen. Schon kann das gemeinsame Shoppingerlebnis beginnen. Die Einladende kann übrigens online verfolgen, wo sich Taxi und Freundin gerade befinden.

Ist es zwischendurch mal langweilig, dann kann man sich mit einem netten Online-Spiel über „wechat" die Zeit vertreiben.

Chinesen verspüren oft Lust, rote Umschläge zu verschicken, noch mehr, ebensolche zu erhalten. Auch dafür hat „wechat" eine Funktion. Ganz direkt gehen dann 50 RMB an Frau Li oder 80 RMB an Herrn Wang. Dieser erscheint natürlich nicht nur als reine Ziffer auf dem Display, sondern als roter Umschlag, den man erst mit einem Click öffnen muss. Das Ganze ist den physischen roten Umschlägen nachempfunden, die vor der Zeit der Smartphones im Umlauf waren. Zum Frühlingsfest 2017 wurden übrigens mehr als 40 Milliarden (40.000.000.000) dieser roten Umschläge in China verschickt! Also von jedem „wechat" Nutzer im Durchschnitt mehr als 40 Stück. Damit wird aber nicht wirklich Geld vermehrt, sondern Beträge werden einfach hin und her geschickt. Es ist also eher ein Spiel geworden. Diejenigen, die etwas verspielter sind, spendieren einen Betrag, sagen wir 40 RMB, an eine Gruppe, und ein Algorithmus entscheidet, wie der Betrag auf die Gruppenmitglieder aufgeteilt wird. Das kann noch weiter dynamisiert werden, indem diejenigen, die schnell reagieren, eine höhere Chance haben als diejenigen, die das ganze erst in ein paar Minuten wahrnehmen, denn dann ist die Verteilung womöglich schon abgeschlossen.

Muss ich erwähnen, dass ich über „wechat" auf Online-Shops zugreifen kann, also aussuchen, bestellen und zahlen? Nein, das muss ich bestimmt nicht. Wir sind in China, das Shopping Eldorado schlechthin.

Private Verkäufer nutzen „wechat" für ihren gesamten Business-Prozess. Sie stellen Fotos ihrer Artikel ein, beschreiben diese und informieren über Preise, Herkunft und Liefermodalitäten. Diejenigen, die mit ihnen verknüpft sind, nutzen das Angebot selbst oder verbreiten es in ihren persönlichen Gruppen weiter. Damit wird schnell ein großer potenzieller Kundenkreis erreicht. Über den Austausch einfacher Nachrichten werden Bestellungen aufgegeben und Zahlungen abgewickelt. Alles einfach und un-bürokratisch und ohne die Steuerbehörden zu belästigen. Somit kommen französische Parfums, spanische Wurst oder australische Milch zu günstigen Preisen an den Auftraggeber und der Ver-käufer macht auch noch einen guten Gewinn.

Gute Restaurants sind oft zu gut besucht, sodass man nicht gleich einen Platz bekommt. Was tun? Nun, warten zum Beispiel oder besser einen QR-Code einscannen und einen Spaziergang machen, denn „wechat" ist bei Ihnen und informiert Sie, dass Ihr Tisch in 15, 10, 5 Minuten frei sein wird. Chinesen machen also ganz entspannt noch einen kleinen Spaziergang, während die-jenigen, die eine solche Funktion nicht nutzen können, also die „wechat" nicht im Einsatz haben, irgendwo im engen Eingangs-bereich des Restaurants warten oder das Vorhaben gleich aufgeben.

Textnachrichten kann „wechat" in die Sprache Ihres Benutzer-profils übersetzen, nun ja, die Übersetzung eines chinesischen Textes ins Deutsche ist noch etwas holprig, aber den Sinn der Nachricht kann man auf jeden Fall verstehen.

Mussten Sie schon einmal einen Notarservice in Anspruch nehmen, um ein Dokument übersetzen oder beglaubigen zu las-sen? Das kann aufwendig sein und auch hier hilft „wechat". Man verbindet sich mit dem Account des Notars, wählt einen Ser-vice aus, zum Beispiel die Übersetzung und Beglaubigung eines

Zeugnisses, fotografiert die relevanten Dokumente, zahlt direkt die Gebühr und wird informiert, wann man die beglaubigten Dokumente abholen kann. Das muss dann aber doch real geschehen, weil die Originaldokumente in diesem Prozess genau einmal vorgezeigt werden müssen.

Mittlerweile gibt es auch erste Scheidungen, die per „wechat" abgewickelt wurden. Konkret heißt das, das Einholen des gegenseitigen Einverständnisses erfolgte mittels dieser App, eine Validierung der Echtheit ist integriert, womit zeit- und kostenintensive Reisen überflüssig werden, und der Prozess wird zur vollsten Zufriedenheit beider Ex-Partner rasch und einvernehmlich abgewickelt. Ob das so geschiedene Paar bei „wechat" noch befreundet ist, wurde nicht überliefert.

Auch Unternehmen nutzen „wechat" mehr und mehr für ihre Geschäftsprozesse. So wird schon ein großer Teil des internen E-Mail Verkehrs durch „wechat" Nachrichten ersetzt und sogar für Reisekostenabrechnungen und Gehaltszahlungen wird es bereits verwendet. Und das ist erst der Anfang.

Es gibt weitere Funktionen, die vom Umfang und auch qualitativ stetig weiterentwickelt werden. Somit ist „wechat" das Werkzeug, dem sehr viele Chinesen den ersten Blick nach dem Aufwachen und den letzten vor dem Einschlafen gönnen. Diejenigen, die unter Schlafstörungen leiden, werden in den Schlafpausen auch nicht mehr Schäfchen zählen, sondern mal auf „wechat" klicken. „Wechat" kann nicht komplett beschrieben werden, weil schon wenige Tage später neue Funktionen hinzugekommen sind. Deshalb will ich nur einige noch stichwortartig aufführen: Coupons von Mitgliedsunternehmen sammeln und einlösen, Handygebühren aufladen, Strom und Wasserrechnungen bezahlen, Taxis bestellen, Spenden leisten, Flugtickets buchen, Hotels reservieren, Essen bestellen, Babysitter Services buchen. Zusammenfassend kann man sagen, dass „wechat" das zentrale, allumfassende Kommunikationsnetzwerk ist, in das zahlreiche Finanz- und andere Services integriert sind und ohne das die Chinesen absolut nicht mehr leben könnten.

b Video- und Musik-Portale

Langsam gehen die Zeiten vorbei, in denen man in China nahezu alle Filme und Musiktitel kostenlos nutzen konnte. Gebühren ziehen ein in ein Land, dessen Führung den Kampf gegen jede Art von Illegalität aufgenommen hat. Manche zahlen schon, manche nutzen die Dienste noch kostenlos. Wie auch immer, die Smartphone-, Tablet- und PC-Dienste für Video und Musik haben dazu geführt, dass zumindest die Generation unter 40 weder Fernsehgerät und schon gar kein Radiogerät mehr benutzt geschweige denn besitzt. Ähnlich wie das Festnetztelefon werden das über kurz oder lang zwei weitere Gebrauchsgegenstände für die Mottenkiste sein. Chinesische TV-Gerätehersteller produzieren daher schon weit mehr für den Export anstelle des heimischen Marktes.

Bemerkenswert ist, dass ausländische Filme immer im Original mit chinesischen Untertiteln gezeigt werden. Das hat den Charme, auch die Stimme des jeweiligen Schauspielers im Original zu kennen und nicht nur die eines Synchronsprechers. Noch wichtiger ist aber dabei, dass darüber das Beherrschen der englischen Sprache extrem stark gefördert wird, denn es sind oft amerikanische Filme und Serien, die die Chinesen begeistern. Wenn Sie mit chinesischen Schülern sprechen, dann werden diese Ihnen bestätigen, dass amerikanische Serien gewissermaßen zu ihrem Englischunterricht gehören.

Apropos Serien: Wenn eine Serie in Deutschland ganz neu auf den Markt kommt, dann haben zig Millionen von Chinesen sie schon längst gesehen. Woran liegt das wohl?

c Alipay – Die Finanzplattform

Neben „wechat" gehört „Alipay" zu den am häufigsten genutzten Apps in China, das heißt also täglich mehrmals. Zunächst nutzen es die Chinesen zum Überall-Bezahlen, nur dieses Mal muss man eben den „Alipay" QR-Code benutzen. „Alipay" reicht in vielerlei Hinsicht aber weiter. Es dehnt sich über China hinaus aus, zunächst nach Ostasien, aber auch erste Geschäfte an europäischen Flughäfen sind schon angeschlossen, damit chinesische Touristen bequemer und schneller bezahlen können, bevor es zurück nach Hause geht. Die Duty-Free Shops in Rom, Paris und Frankfurt erfreuen sich eines großen Umsatzschubes, denn jeder chinesische Tourist kauft vor dem Rückflug noch letzte Geschenke für die Familie und Arbeitskollegen zuhause. Wer also diese Funktionalität des chinesischen Bezahlens nutzen kann, wird sicher noch tiefer in die Regale greifen.

Für alle Chinesen, die kein großes Vermögen besitzen, also sagen wir weniger als 1 Millionen RMB, ist „Alipay" längst zum Bankersatz geworden, denn Banken haben kein besonders großes Interesse, mit dieser Kundenschicht Geschäfte zu machen. Entsprechend gering sind lukrative Bankangebote für sie. Wenn Eltern ihren Kindern an Schulen und Universitäten eine finanzielle Spritze zukommen lassen wollen, dann wird nicht mehr ein klassisches Bankkonto gefüllt, sondern das jeweilige „Alipay" Konto. Arbeitgeber zahlen die Gehälter zwar meist noch auf Bankkonten ein, aber noch am selben Tag wird es mit einem Click auf dem Smartphone auf das „Alipay" Konto umgebucht. Dort kann man es als stets verfügbar ruhen lassen oder auch als Festgeld mit unterschiedlichen Laufzeiten anlegen, zu sehr attraktiven Zinsen, die täglich gutgeschrieben werden, und zwar auch für Festgeldkonten.

„Alipay" liefert natürlich auch Kontoauszüge oder besser gesagt qualitativ und optisch gut aufbereitete Zusammenstellungen aller Transaktionen, die nicht nur zeitlich sortiert sind, sondern auch nach unterschiedlichen inhaltlichen Kriterien strukturiert werden können. Dann sieht man schnell, dass im letzten Quartal 18% der

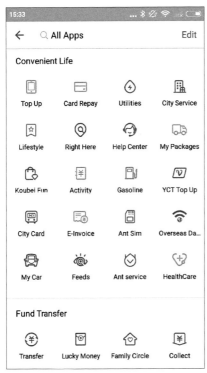

Alipay Oberfläche

Gesamtausgaben in Restaurants getätigt wurden, 7 % im Kino, 22 % für Bekleidung und so weiter. Damit spart man sich das mühsame Führen eines Haushaltsbuches, denn das ist hier im Service mit inbegriffen. „Alipay" steht in China nahezu ohne relevante Wettbewerber da und es wird auch außerhalb Chinas potenzielle Wettbewerber wie „PayPal" oder „Apple Pay" nicht fürchten müssen, wenn die Unternehmensführung den Expansionsprozess fortsetzen will und die lokalen Behörden im Ausland die Lizenz nicht verweigern.

„Alipay" ist keine isolierte Applikation, sondern in das große Universum „Alibaba" mit „Taobao" und „AliExpress" integriert. Damit kann selbst der kleinste Familienbetrieb in China aber auch über nationale Grenzen hinweg Waren und Services handeln, selbst wenn der Gegenwert einer Transaktion nur 1 Euro beträgt. Im Vergleich zu „wechat" liegt der Fokus von „Alipay" klar auf dem Finanzsektor und dem Handel. Daher werden alle Bankservices, die der normale Bürger benötigt, angeboten, dazu kommen alle Aktionen rund um Bestellung, Lieferung und Zahlen. Ergänzt wird das Angebot um Musik- und Videodienste und schließlich ist auch noch eine Vielzahl von Bürgerservices abgedeckt. Das geht von Gebührenerhebung, Notarservices, Zahlen von Strafzetteln bis zur Anmeldung von Geburten.

In China hat „Alipay" einen eigenen chinesischen Namen, aber das Kürzel „Ali" ist geläufig und wird weitestgehend verstanden, „wechat" als ausländischer Begriff für „weixin" hingegen ist im Land der Mitte nicht sehr gebräuchlich.

China wird mit großem Tempo zum Land der bargeldarmen Transaktionen. Wir im Westen argumentieren in dieser Angelegenheit zuerst immer mit dem Stichwort Sicherheit. Chinesen argumentieren zuerst mit dem Stichwort Bequemlichkeit. Das soll nicht heißen, dass die chinesischen Bezahl-Apps Anbieter nicht intensiv an der Sicherheit ihrer Services arbeiten, aber es zeigt doch sehr deutlich, wie unterschiedlich Prioritäten aus Benutzersicht sind. Das merkt man auch generell im Geschäftsleben. „Risiko" ist in Deutschland ein dominierendes Attribut, wenn es um die Realisierung einer neuen Geschäftsidee geht, in China hingegen dominiert das Attribut „Chance". Und viele sehen diese. Entsprechend zahlreich schießen überall neue Geschäfte aus dem Boden. Und Sie werden kein neu eröffnetes Geschäft finden, das nicht mit „Alipay" kooperiert.

4 Heiraten: Ein Fest – Ein Business

Die Heirat war in der gesamten chinesischen Geschichte ein unabdingbares Ereignis im Leben, mit dem sich vor allem die Eltern rühmen konnten, ihre Kinder in den Stand zu heben, für den sie gewissermaßen von der Schöpfung vorgesehen waren. Im Großen und Ganzen hat sich das bis heute noch nicht signifikant verändert, doch lässt sich beobachten, dass das durchschnittliche Heiratsalter durchaus in die Nähe der Zahl 28 bis 30 kommt und dass es immer mehr Chinesen gibt, die als Single leben müssen oder wollen, sehr zum Leidwesen ihrer Eltern. Das hat zum einen den Grund, dass viele Männer, ja es handelt sich hier hauptsächlich um Männer, keine Braut finden, zum anderen, dass insbesondere immer mehr Frauen ein selbstgesteuertes Leben führen wollen, zumindest in den ersten Jahren nach Abschluss ihrer Ausbildung. Das sind noch zarte Pflänzchen eines familiär-kulturellen Wandels, aber es besteht durchaus je nach Standpunkt die Chance oder die Gefahr, dass Jahrhunderte alte Traditionen und Rituale in den kommenden Jahren wegbrechen werden. Doch noch gibt es keinen Anlass zur Sorge, das Hochzeitsbusiness läuft auf Hochtouren und diejenigen, die damit ihr Geld verdienen, haben immer noch eine rosige Zukunft vor Augen.

a Das Vorspiel – Partner suchen und finden

Über die Varianten der Partnersuche lassen sich dutzende Bücher über China aus. Das will ich also nicht wiederholen, aber anhand von einigen Stichpunkten will ich kurz in Erinnerung rufen, wer hier alles Akteur sein kann.

Ganz normales, zufälliges Kennenlernen gibt es natürlich auch in China, ebenso Vermittlungsagenturen, Internetplattformen, Speed- oder Slow-Dating Veranstalter. Aber dann treten einige Aktivisten hinzu, die sich in unserem Lande in dieser Angelegenheit doch eher zurückhalten. Da wären einmal die Professoren und Dozenten zu nennen, die sich insbesondere um die Doktoranten sowie um die Langzeit-Masterstudenten kümmern, also um diejenigen jenseits der 25. Subtil oder offen werden ihnen Partner vorgeschlagen oder es werden gleich Treffen vereinbart und da die beiden jungen Leute immer noch stark in der chinesischen Kultur verwurzelt sind, müssen sie zu den über ihre Köpfe gemachten Verabredungen gehen, weil man den Herrn Professor nicht bloßstellen darf. Wenn das Verkuppeln während der Studienzeit nicht geklappt hat, dann werden unmittelbar nach der Aufnahme der ersten Arbeit die Heiratsvermittler der Firma aktiv. Sie erinnern sich an die entsprechende Episode weiter oben.

Vater und Mutter, ja die ganze erweiterte Familie, verlassen sich aber weder auf Zufälle und schon gar nicht auf die Förderer aus Ausbildungsinstitut und Arbeitsstelle. Sie sind immer aktiv, denn sie wollen ja nur das Beste für ihr Kind, oder, um es auf den Punkt zu bringen, sie wollen ein Enkelkind, dass sie nach ihrer Pensionierung betreuen können. Also, um es deutlich auszusprechen, sie wollen das Beste, einen neuen Lebensinhalt für sich selbst. Und da sind dann ja auch noch Tanten und Onkel, Großeltern und Nachbarn, die sich zumindest mit penetranten Nachfragen, oft aber auch mit konkreten Vorschlägen oder gar heimlich organisierten Zwangsbegegnungen hier einmischen. Früher oder später geben die braven Kinder auf und die Hochzeit kann stattfinden. Und das heißt Vorbereitung, Dinge in der richtigen Reihenfolge tun, das heißt, die eben erwähnte Familie läuft zur Hochform auf. Termine zu finden, unter der Bedingung, einen für das Schicksal günstigen Tag zu wählen, gleichzeitig aber auch einen Ort für die Feier zu organisieren, der groß genug ist, alle Gäste unterzubringen. Das heißt natürlich Kleider, Schuhe, Make-up aussuchen, diese kaufen oder ausleihen, die richtige Frisur festlegen und den passenden Friseur dafür finden, Gäste einladen, Moderatoren engagieren, den Detailablauf festlegen und vieles mehr. Es ist übrigens mittlerweile geläufig, sowohl die heiratsfähigen Männer als auch die Frauen in Kategorien einzuteilen. Zur A-Klasse gehören diejenigen mit sehr guter Ausbildung, einem guten Job, einem vorzeigbaren Auto und einer Wohnung in einer Stadt der obersten Kategorie. Schlusslichter, also D-Klasse, sind die Bauernsöhne, die auf dem Land bleiben müssen, und die Landmädchen, die in die Städte gehen, um als Verkäuferinnen zu arbeiten. Auf keinen Fall will jemand einen Partner nehmen, der in einer niedrigeren Kategorie eingeordnet ist, gleiche Kategorie ist gerade noch akzeptabel, aber das wirkliche Ziel ist es, jemand aus einer höheren Kategorie zu finden. Die Sache ist also nicht einfach und doch finden sich genug Paare. Deshalb lassen Sie uns jetzt bei einem Hochzeitsprozess zuschauen.

b Auf dem Standesamt

Die rechtlich verbindliche Trauung findet auf der lokalen Zivilstandsbehörde statt, bei der einer der beiden Partner seinen Wohnsitz haben muss. Wenn man dann die Heiratsurkunde in den Händen hält, hat man den Familienstand gewechselt und das Leben läuft rechtlich nach neuen Regeln. Als Stichworte will ich nur erwähnen: Wohnungskauf, Kindergarten und Schule für die Kinder, Steuer. Das alles hat etwas mit dem Familienstand zu tun und ist nicht viel anders als hierzulande auch. Aber trotz dieser enormen Auswirkungen ist der Gang zum Standesamt eine völlig unromantische Angelegenheit. Er muss sein, aber große Vorbereitungen und Planungen und zeremonielle Aspekte sind für den Chinesen dafür unbedeutend. Da man dafür auch vorher keinen Termin benötigt, gibt es nicht wenige Paare, die das schnell in einer verlängerten Mittagspause erledigen. In einem schlichten Bürozimmer wird der Pakt geschlossen, während im Zimmer nebenan, das sei nur zur Illustration angefügt, sich ein anderes Paar eingefunden hat, das sich gerade scheiden lässt. Auch dafür reicht die Mittagspause. Zurück zur Trauzeremonie, die ja in Wirklichkeit keine Zeremonie ist. Der Beamte spricht ein paar Worte, das Paar unterschreibt ein paar Formulare, zahlt eine Gebühr. Und das war es auch schon fast, bis auf den letzten doch chinaspezifischen Schritt, nämlich das gemeinsame Hochzeitsfoto. Dieses Foto, das beide Partner zeigt, wird zusammen mit Namen, Datum und den offiziellen Unterschriften, natürlich noch mit einem roten Stempel versehen, in die Heiratsurkunde aufgenommen, die, anders als bei uns, eben nicht nur aus Zahlen und Texten besteht, sondern dadurch auch bildlich jederzeit nachweisen kann, wer denn da mit wem den Bund der Ehe eingegangen ist. Niemand kann also hinterher sagen: „Ich war es nicht, ich bin das nicht."

Das Namenssystem in China ist übrigens klar und einfach zu praktizieren. Beide Partner behalten nach der Heirat ihren Namen, andere Optionen gibt es nicht. Kinder erhalten später den Nachnamen des Vaters.

c Fotoshooting

Nachdem dieser formale Schritt rasch abgewickelt wurde, steht Heiratsprozess Teil 2 auf der Tagesordnung: das Fotoshooting für das junge Paar. Genaugenommen laufen die Vorbereitungen dafür sicher schon viel früher an, denn trotz der gigantischen Menge von entsprechenden Agenturen gibt es eben auch immer noch eine gigantische Menge von Paaren, die diese Agenturen beauftragen wollen. Um es gleich vorwegzunehmen, es geht hier nicht darum, während oder kurz vor der Hochzeitsfeier ein paar schöne Aufnahmen zu machen, es geht vielmehr um die wundervollsten Fotoaufnahmen des ganzen Lebens. Dafür benötigt man Zeit, Geld und eben eine Agentur.

Die Fotos werden uns übrigens später im Kapitel „Nachspiel" wieder begegnen. Aber zunächst müssen sie erst einmal entstehen.

Üblicherweise geht das Paar deshalb zu ein paar Agenturen, lässt sich beraten, bespricht sich über die dort gemachten Vorschläge, ja einige bringen sogar eigene Vorstellungen mit, und schließt letztendlich einen Vertrag ab. Und das kann teuer werden, nein, richtig muss es heißen, das wird teuer, aber das soll es ja auch sein, das Budget dafür ist fest eingeplant.

Als Mindestdauer für das Foto-Shooting wird ein halber Tag angesetzt, aber das macht doch niemand. Ein ganzer Tag soll es schon sein, oder zwei oder drei, je nachdem, wo die Aufnahmen gemacht werden sollen.

Nehmen wir mal an, das Paar kommt aus Shanghai. Dann werden die Fotos also irgendwo in Shanghai gemacht, denkt man. Manchmal wird das so sein, aber die Agentur kennt doch viele romantischere Orte und wird diese anpreisen. Also kann man mit dem Auto 3 Stunden bis zu den Gelben Bergen fahren oder in 4 Stunden zu einem malerischen Bergort in Yunnan fliegen, oder vielleicht doch besser ans Meer nach Hainan. Oder in die Wüsten Westchinas oder vielleicht doch gleich nach Paris. In der Stadt der Liebe werden bestimmt mehr chinesische Paare ihre Hochzeitsfotos machen lassen als deutsche oder belgische. Paris wäre cool, allein schon der Name der Stadt steht für entzückende Aufnahmen, so wird es den Brautleuten schmackhaft gemacht. Ein Tag Anreise, ein Tag Rückreise, zwei Tage Fotoshooting, ein Tag Shopping, zwischendurch noch schnell zum Eiffelturm und in den Louvre. Leider ist damit der gesamte Jahresurlaub aufgebracht, aber man heiratet ja nur einmal im Leben. Auf jeden Fall haben die Agenturen eine riesige Auswahl von Orten im Angebot, es wird sich also für jedes Paar etwas Geeignetes finden.

Als Nächstes wird darüber gesprochen, in welcher Art Kostümierung die Fotos gemacht werden sollen. Aktuelle, eher schlichte Kleider und Anzüge oder traditionelle Kostüme oder gar Uniformen. Man wird sich einigen und es werden natürlich mehrere Stilrichtungen ausgewählt. Kurz vor dem Foto-Termin werden die Haare in eine dem Ereignis angemessene Grundform gebracht, dann endlich besteigt man den Flieger und es geht nach Dali in Yunnan oder zu einem anderen schönen Ort. An Bord sind das Paar, ein Fotograf, ein Assistent und eine Dame, die als Maskenbildnerin die Gesamtverantwortung für das Aussehen und die Kleidung trägt. Im Gepäckraum des Flugzeuges finden sich mehrere Koffer mit Kleidung, Kosmetika und technische Utensilien, es sei denn, die Agentur hat einen Partner im entsprechenden Ort, dann kann man dort alles in das Auto oder den Kleinbus packen, mit dem das Paar an den Foto-Shooting-Tagen von einem Aufnahmeort zum nächsten fährt.

Für die Braut beginnt dieser Tag spätestens und 5 Uhr morgens, denn das Frisieren, Schminken und Anziehen ist ein professioneller Akt, der seine Zeit braucht. Der Ehemann hingegen kann noch zwei Stunden länger schlafen.

Der Cheffotograf hat ein großes Repertoire von Kulissen, die das Paar besonders schön in Erscheinung treten lassen werden. Das können Tempelanlagen sein oder Parks, Straßenzüge mit traditionellen Häuser, Wiesen vor den Bergen, Seeufer mit Schilf bewachsen oder auch die Kreuzung einer 6-spurigen Stadtautobahn oder neben einem überquellenden Müllcontainer vor einer grauen Mauer. Es gibt einfach keine Orte, an denen nicht traumhaft schöne Hochzeitsfotos entstehen könnten.

Mit dem Kleinbus fährt man also zum Ort der Handlung. Mehr oder weniger diskret werden dem Paar die Kostüme, Kleider, Anzüge übergeworfen. Und wenn diese bodenlang sind, dann muss man die Jeans darunter nicht extra ausziehen. Dann nimmt sich die Stylistin die Braut vor, bearbeitet den Kopf erneut mit Make-up, die Haare mit Kämmen und Bürsten, zieht die Kleider zurecht und schickt sie los. Der Bräutigam muss dafür nur kurze zwei Minuten einkalkulieren. Dann zeigt der Fotograf auf die Stelle, an der die ersten Fotos gemacht werden. Und kaum ist diese Stelle erreicht, gibt er exakte Anweisungen, wie sich das Paar positionieren soll. „Lehne dich mal an diese alte Mauer", „Leg dich auf den Rücken auf das Gras unter diesen Baum", „Knie neben deiner Frau und führe deinen Mund in die Nähe

Heirat – Fotoshooting

ihrer Lippen und halte genau fünf Zentimeter Abstand ein." Und
dann drückt er auf den Auslöser, dutzende Male, und sein Helfer
folgt ihm und hält eine mit Aluminiumfolie beschichtete Pappe
geschickt in oder gegen das Licht, um unliebsame Spiegelungen
und Blendungen zu vermeiden. Fünfzehn Minuten später ist
die erste Szene im Kasten, es geht zurück zum Bus, Kleider
werden gewechselt, das Make-up wird erneuert und auf geht es
zur zweiten Szene. Dieses Mal zunächst jeder der beiden allein,
dann gemeinsam, zehn Meter voneinander entfernt, dann drei
Meter, schließlich in enger Umarmung. Das Paar steht, hockt oder
liegt, der Fotograf steht, hockt oder liegt, sein Helfer folgt ihm
mit dem Schild, die Stylistin folgt ihm mit Farbe, Puder, Pinsel
und Bürste. Manchmal sieht man das Paar fröhlich lachen, später
werden die Gesichtszüge härter, sei es aus Stress, sei es wegen der
Dramaturgie der Aufnahmen.

Wenn man sich dummerweise noch für eine Touristenhoch-
burg als Aufnahmeort entschieden hat, dann laufen ständig irgendwelche Fremde herum, die das ganze stören, behindern, zumindest verzögern. Darüber hinaus werden sich einige davon
mit ihrer eigenen Kamera als Fotograf betätigen. Und das sind
dann immer Ausländer, die sich sehr über so viel Romantik im

sozialistischen China freuen. Ziemlich abgekämpft ist dann endlich der Vormittag überstanden und eine kleine Ruhepause inklusive eines Mittagessens und Mittagsschläfchens unterbricht das Programm. Schon geht es weiter, am Nachmittag an einem anderen Platz, bei anderem Licht und schließlich im abendlichen Lichtermeer, im Mondschein oder bei Regen, Blitz und Donner, denn so flexibel die Agenturen auch planen, so vielseitig die Szenerie für die Fotos gestaltet werden kann, auf das Wetter haben sie keinen Einfluss und Verschieben auf morgen wegen des Regens geht ganz sicher nicht, denn dieses Business arbeitet professionell, nach festen Plänen, verdient exzellente Honorare und hinterlässt ein glückliches Paar mit hunderten von Fotos. Die Zusammenstellung der besten davon macht dann zuhause die Frau Mama, das Paar geht zurück zur Arbeit und muss sich gut erholen, um für den Hauptteil des Hochzeitsprozesses vorbereitet zu sein: die große Feier.

d Das Hochzeitsfest

Vieles gehört zu einem chinesischen Hochzeitsfest, an allererster Stelle muss man dabei die Gäste nennen. Es sollen möglichst viele sein, nicht nur weil das Geldgeschenk eines jeden Gastes einen deutlich höheren Wert haben wird als das, was er an Speisen und Getränken konsumiert, sondern auch, weil man doch mit der Traumhochzeit der Nachbarstochter mithalten will. Und, welch Wunder, auch hier hilft „wechat", weil dort niemals Kontaktdaten gelöscht werden. Somit kann man schon einmal alle Kommilitoninnen des Oberstufengymnasiums und der Universität einladen, selbst wenn man seit vier Jahren absolut keinen Kontakt mehr hatte. Die so Eingeladenen wundern sich, verspüren überhaupt keine Lust dorthin zu gehen und sagen zu, denn Absagen passen nicht in das Land des harmonischen Miteinanders. Schwere Krankheiten werden als Grund für eine Absage gerade noch toleriert, Studienaufenthalten in Europa oder in den USA schon eher nicht mehr. Die Eltern des Brautpaares werden ganz bestimmt noch eine weitere Gruppe nahezu unbekannter Gäste herbeibringen, also Arbeitskollegen und deren Kinder. Da die Eltern der heute heiratsfähigen Chinesen alle noch vor der Ein-Kind-Politik geboren wurden, kommen dann noch zahlreiche Onkel, Tanten, Cousins, Cousinen und Großeltern hinzu. Aktuelle Arbeitskollegen bilden eine weitere Gruppe und natürlich auch eigene wirkliche Freunde. Wenn dann alle Gäste eingetroffen sind, wird man vielleicht die Hälfte kennen, bei der anderen Hälfte muss man eben nachfragen.

Chinesische Brautpaare brauchen Brautjungfern zur Unterstützung der Braut und entsprechende männliche Gegenstücke – ja wie heißen diese eigentlich? –, die den Bräutigam unterstützen. Auch hier kommt es durchaus vor, dass über die Eltern jemand ausgewählt wird, den man schon seit einer gefühlten Ewigkeit nicht mir gesehen hat. Zusammen mit der Einladung erfahren die Gäste, mit welcher „wechat" Gruppe sie jetzt die weiteren Vorbereitungen verfolgen können, verfolgen müssen. Damit werden sie lückenlos über alles Wichtige und vieles Unwichtige informiert, also mehrmals täglich.

Der Nachteil der großen Anzahl der Gäste ist, dass diese Hochzeitsfeiern meistens in großen Hotels mit entsprechenden Räumlichkeiten stattfinden müssen. Obwohl es in China eine große Menge davon gibt, die auch über entsprechend große Ballsäle verfügen, muss der Ort des Geschehens doch Monate im Voraus angemietet werden.

Nun haben wir also den Ort und die Gästeliste und es wird Zeit sich um das persönliche Outfit zu kümmern. Weiße Kleider sind in China für Hochzeitsfeiern traditionellerweise nicht vorgesehen, aber auch ohne Weiß ist die Anzahl der Möglichkeiten enorm. Durch den starken Drang, in manchen Aspekten so sein zu wollen wie der Westen, ist Heiraten in Weiß aber längst keine Ausnahme mehr. So besucht man also einen Kostümverleih und einigt sich dann letztlich auf Kleid, Anzug, Schuhe, Hut, Handschuhe und allerlei Accessoires, die man ausleiht, zu einem Preis, der nicht weit unter dem Kaufpreis im Geschäft liegt. Kleider für die Brautjungfern werden gleich mit ausgeliehen, nachdem die jungen Damen ihre aktuelle Kleidergröße vorher als „wechat" Nachricht durchgegeben haben.

Langsam wird es Zeit, sich mit dem Hotel über die Ausstattung und Dekoration des Veranstaltungsortes zu unterhalten. Diese haben natürlich große Erfahrung, denn sie organisieren pro Jahr bestimmt zweimal pro Woche solche Feiern, die ja an jedem Wochentag stattfinden können. Natürlich werden die Gäste einen ihrer wertvollen fünf Urlaubstage, die ihnen jährlich gewährt werden, gerne dafür einsetzen. Es geht also um die Gestaltung der Hotel-Lobby, des Bereiches vor dem Festsaal und des Festsaales selbst. Am Abend vor dem großen Fest beginnt der Aufbau. Im Foyer werden Hinweisschilder angebracht, die auf den Ort des Geschehens zeigen, eine oder mehrere Tafeln mit Namen und Foto des Brautpaares, mal als Porträt, mal als Ganzkörperfoto in Originalgröße. Vor dem Eingang zum Festsaal findet man eine ganze Wand mit Fotos der beiden, weiterhin Glückssprüche aus konfuzianischer Zeit, geschrieben in künstlerisch gestalteten Schriftzeichen, und eine schematische Darstellung der Tischanordnung, alle rund, alle mit Platz für 8 bis 12 Personen mit zugehörigen Tischnummern. Je wichtiger man ist, umso näher darf man beim Brautpaar sitzen. Es gibt keine freie Platzwahl, Plätze wurden vorher zugewiesen und deshalb muss sich jeder Gast vor dem Betreten des Ballsaales anmelden und erhält dabei die Information, an welchen Tisch er sich zu setzen hat. Check-in gibt es also auch bei Hochzeitsfeiern. Einfache Hochzeitsfeste kommen mit 20 Tischen und einer Bühne aus, aber es können natürlich alle Spielarten von Kulissen aufgebaut werden, mit Laufstegen, europäischen Schlössern aus Styropor, Fotowände mit schneebedeckten Bergen und wilden Wasserfällen. Die Qualität des Essens ist von untergeordneter Bedeutung, Durchschnittsqualität eben, mehr nicht.

Die Hochzeitsfeier beginnt zur Mittagszeit und ist 4 Stunden später schon wieder vorüber, also kein endlos langes Betrinken bis in die frühen Morgenstunden, wobei der chinesische, hier muss ich ausdrücklich sagen der männliche Gast, es ohne Weiteres schafft, sich in 4 Stunden einen Promillespiegel zu erarbeiten, für den der deutsche Hochzeitsgast 10 Stunden benötigt.

Obwohl es also erst um 12 Uhr mittags beginnt, werden andere Hotelgäste schon am frühen Morgen durch höllischen Lärm erschreckt, durch Feuerwerke, die ein bisschen schön, vor allem aber laut sind. Direkt vor dem Hotel oder in der Einfahrt zum Parkplatz oder noch auf der Straße stellen die Feuerwerker ihre Kisten auf und zünden sie an. Wenn man diesen überraschenden Lärm einmal in seinem Zimmer in der 30. Etage eines Hotels vernehmen kann, dann sollten Sie schnell zum Fenster laufen. Sie werden das seltene Glück haben, ein Feuerwerk von oben zu sehen. Wie oft es bis zum Mittag knallt, ist schwer vorherzusagen, es scheint keine Regel dafür zu geben.

Ebenso wenig gibt es eine Regel für die Kleidung der Gäste. Die meisten tragen Alltagskleidung, so wie bei vielen anderen Ereignissen wie Arbeit, Restaurant- oder Kinobesuch auch. Eine Stunde vor Veranstaltungsbeginn treffen die ersten Gäste ein und irgendwann, aber rechtzeitig, kommt dann auch das Brautpaar angefahren, in einer Oberklasse Limousine eines europäischen respektive, um präziser zu sein, deutschen Herstellers. Blumengeschmückt hält der Wagen vor dem Hoteleingang, gefolgt von zahlreichen weiteren Limousinen, in denen die Familie und die engsten Freunde heranchauffiert werden. Seit Kurzem werden anstelle der Limousinen auch schon mal geschmückte Leihfahrräder genommen. Nur ein guter Marketinggag oder ein Modell für die nahe Zukunft?

Bevor wir jetzt einen Blick auf die nachfolgenden Stunden werfen, müssen wir doch rasch an den Morgen des gleichen Tages zurückkehren und uns ansehen, was an einem Hochzeits-Vormittag so alles passiert. Denn es gibt noch immer traditionelle Rituale, die bis zur Perfektion praktiziert werden. Diese Rituale sind inzwischen mit gewichtigen roten Errungenschaften der modernen Zeit angereichert worden. Nein, dieses Rot hat nichts mit der kommunistischen Partei zu tun. Dieser Vormittag kann ein zäher Prozess sein, wenn das Rot nicht rot genug ist. Lassen Sie es mich kurz schildern. Es ist Brauch, dass der Bräutigam die Braut in deren Elternhaus abholt, sie damit gewissermaßen offiziell zu ihrem neuen Heim führt. Aber die Braut hat sich ein paar Hürden ausgedacht, denn so einfach soll es ihr Zukünftiger ja nicht haben. Verstärkung bekommt sie durch ihre Brautjungfern, der Bräutigam erhält Verstärkung von den männlichen Pendants. Ein Zimmer ist als Versteck für die Braut vorgesehen, dort sitzt sie, mehr oder weniger vollständig angezogen, umringt von den Brautjungfern und wartet auf sein Klopfen und Rufen an der Tür. Aber er wird nicht hereingelassen, vorher müssen erst rote Umschläge unter der Tür hindurchgeschoben werden. Da ist also unser Rot. Und was ist in den Umschlägen? Richtig, echtes, reales Geld natürlich. Doch was immer die jungen Männer auch hineingesteckt haben, es wird zu wenig sein. Es muss mehr sein, doch dazu werden sie nicht direkt aufgefordert, vielmehr werden ihnen Rätselfragen gestellt, deren korrekte Beantwortung einen weiteren roten Umschlag vermeiden kann. Dummerweise wird das Männerteam aber die hinterlistigen Fragen nicht beantworten können, also werden sie mit neuen roten Umschlägen versuchen, ihrem Ziel, der Braut, näherzukommen. Glücklicherweise wissen alle, dass man Punkt 12 Uhr im Veranstaltungssaal ankommen muss, somit zieht sich dieser Prozess nicht endlos in die Länge. Irgendwann wird also die Tür zum Brautzimmer doch geöffnet und eine letzte Aufgabe wird gestellt. Sehr beliebt ist es dabei, irgendwelche Teile der Kleidung zu verstecken, die die Männer suchen müssen, denn unvollständig bekleidet kann man doch das Haus nicht verlassen. Also suchen die armen Kerle nach den Schuhen, einem Haarband oder den Handschuhen. Endlich geben sie auf, weil sie nichts finden, denn auch hier kann man mit einem gut gefüllten letzten roten Umschlag den Sucherfolg ersetzen. Ich muss erwähnen, dass es sich hier doch eher um ein Spiel, eine Symbolik handelt, denn das Geld in den roten Umschlägen wird weder die jungen Männer arm noch die Mädels reich machen.

Endlich am Hotel angekommen darf man sich noch an einer kleinen Show vor dem Eingang des selbigen erfreuen. Die Eltern haben eine Künstlergruppe engagiert, die in traditionelle Kleidung gehüllt ein paar Tanz- und Musikstücke zum Besten geben, flankiert von gelben Kanonen mit roten Schleifen, die laut knallend Konfetti und Luftballons auf die Hochzeitsgesellschaft schießen. Dann kommt der große Augenblick, die Braut klettert auf den Arm des Bräutigams oder er hebt sie entschlossen in die Höhe und trägt sie auf seinen Händen über die Schwelle. Unter Beifall und lauten Rufen folgen die Zuschauer.

Jetzt gehen alle Gäste rasch zu ihren Tischen, nicht aber ohne am Eingang den roten Umschlag mit dem Geldgeschenk abzugeben. Eine der Brautjungfern nimmt diese entgegen, öffnet sie, zählt nach, denkt: „Oh so viel" und führt ordentlich Buch darüber. Die Beträge sind in Relation zum Einkommen wirklich beachtlich. 20 Prozent des monatlichen Nettoeinkommens kann es bei weitläufig entfernten Verwandten und weniger gut Bekannten schon sein. Deutlich mehr bei direkten Verwandten und besten Freunden.

In Windeseile werden jetzt die Platten mit allerlei Speisen auf die Tische gestellt, die Getränkeflaschen stehen dort schon bereit, man greift kräftig zu und die weiblichen Gäste wählen als Tischgetränk Wasser oder Softdrinks, die männlichen wählen Bier, Wein und Schnaps. Während des Essens läuft ein routinierter Moderator zu Hochform auf. Witze werden erzählt, künstlerische Darbietungen aufgeführt, Trinksprüche auf allerlei doch hoffentlich eintretende Ereignisse reihen sich wie Glieder einer Kette aneinander und dann wird es ganz feierlich. Braut und Bräutigam knien sich vor den Eltern des Partners nieder, sagen ein paar Worte eines fest vorgegebenen Rituals und werden somit in die jeweiligen Familien des Partners aufgenommen.

Dann ist es vorbei. Die Gäste verlassen eilig den Ort des Geschehens. Das Personal räumt rasch die Kulissen und bergeweise Essen weg, denn am nächsten Tag wird die nächste Feier stattfinden. Das Brautpaar nimmt tausende Fotos mit nach Hause, zurück bleibt nur der schwere Geruch des chinesischen Schnapses, der das Foyer noch für ein paar Stunden erfüllen wird.

e Das Nachspiel – Gegen das Vergessen

Alle atmen durch, freuen sich über das schöne Fest, das tolle Paar, das traumhafte Wetter und dann beginnt das schnelle Vergessen, denn morgen ist wieder Arbeitstag. Aber die „wechat" Hochzeitsgruppe gibt es ja noch, die wird doch nicht sofort gelöscht. Und es gibt doch eintausend Fotos, als Munition. Schon zwei Tage später schreit „wechat" Alarm. Um 6 Uhr morgens wird man aus dem Schlaf gerissen. Die ersten Fotos treffen ein. Da die Zeit aber noch nicht lang genug war, um eine gute Auswahl zusammenzustellen oder die Fotos gar etwas zu bearbeiten, werden also erst einmal Fotos nach der Kategorie „Quantität" verschickt. Manchmal durch das Paar selber, üblicherweise aber durch eine der Mütter oder, falls sie sich verbündet haben, von beiden. Also sieht man die mehrstöckige Hochzeitstorte zwölf Mal, von ganz oben, halb oben, rechts, schräg links unten. Eine Torte, wohl gemerkt. Bald folgen achtzehn Fotos der Braut im Profil, fünfzehn mit und sechs ohne Ehemann und so weiter. Manche freuen sich über die schönen Erinnerungen, nur die Undankbaren sagen, etwas weniger hätte auch gereicht.

In der folgenden Woche haben die Mütter dann endlich Zeit genug, die Fotos etwas zu bearbeiten, zu verschönern, und noch während diese Arbeit andauert, werden die gleichen Fotos erneut verschickt, jetzt aber in besserer Qualität und schöneren Ausschnitten. Wieder vergeht eine Woche, in der die Fotos zu einer semi-professionellen Videoshow zusammengestellt wurden, mit unpassender Musik untermalt und die Gäste werden erneut die Gelegenheit erhalten, sich an das Geschehen zu erinnern. Natürlich muss man seine Freude über die tollen Aufnahmen per Textnachricht zum Ausdruck bringen, am besten mehrfach und mit charmanten Worten. Somit wird das Kommunikationsvolumen gewaltige Ausmaße annehmen und noch lange Zeit nach der Hochzeitsfeier für Freude sorgen. Diese Kommunikationsgruppe wird nie aus „wechat" gelöscht, sie wird eine Aura von Ewigkeit haben. Und die Möglichkeit, sich selbst aus dieser Gruppe zu löschen, ist aus Gründen der Höflichkeit keine realistische Option. Es wurde bisher nicht berichtet, ob die Hochzeitsgruppe auch zur Kommunikation der Scheidung noch mal herangezogen wird. Wir wünschen dem Paar aber eine lange glückliche Zukunft. Ganbei! – Trockne das Glas! – Prost!

5 China – Die Konsumgesellschaft

Waren und Dienstleistungen einzukaufen gehört bei Chinesen sicher zu den beliebtesten Beschäftigungen überhaupt. Wenn man sie dabei begleitet, erlebt man Erstaunliches, das es so in Mitteleuropa nicht gibt. Ich werde versuchen, Ihnen anhand einiger Beispiele einen Einblick in das hochinteressante Geschehen zu geben.

a Online-Shopping

„Taobao" ist unbestritten die Plattform Nummer 1 für das Online-Shopping, aber längst nicht die einzige. „Taobao" verbreitet sich auch schon rasant außerhalb Chinas. Und das eigentliche Geheimnis des anderen, des chinesischen Online-Shopping Erlebnisses liegt schlicht darin, dass man über „Taobao" alles, ja wirklich alles kaufen kann, also nicht nur Bücher, Unterhaltungselektronik, Haushaltsgeräte, sondern auch fünf frische Brötchen, zwei Bogen Geschenk-Einpackpapier oder drei Flaschen deutsches Bier. Selbst kleinste Läden, die kaum Garagengröße haben, sind über „Taobao" an die große weite China-Online-Shopping-Welt angeschlossen!

Die Motivation der Käufer ist banal, entweder sie bestellen, weil sie etwas brauchen oder weil sie Spaß am Kaufen haben oder weil ihnen langweilig ist. Zwei, drei Euro auszugeben, ist keiner langen Überlegung wert, vor allem dann nicht, wenn keine Versandkosten anfallen. Damit kommen Durchschnitts-Online-Einkäufer bestimmt auf zehn Transaktionen im Monat.

Schnell sind ein paar Artikel ausgesucht, mit „Alipay" bezahlt und sofort beginnt der Lieferprozess. Bei jedem bestellten Artikel weiß man, welches Geschäft in welcher Stadt den Auftrag bekommen hat oder man hat schon beim Bestellen den Lieferanten ausgewählt, der die kürzeste Lieferzeit garantiert. Die Auslieferung beginnt unverzüglich. Dabei kommen insbesondere zwei Vorteile zum Tragen. Zum einen die schier endlose Anzahl von großen Speditionen bis zum kleinsten Kurierdienst, zum anderen die Tatsache, dass es keine Zeiten gibt, an denen der Lieferprozess unterbrochen wird, damit meine ich Sonntage, Feiertage und Nächte. Über die Smartphone App kann jeder noch so detaillierte Lieferschritt mitverfolgt werden und nach sehr kurzer Zeit trifft die Ware dann in der Stadt des Auftraggebers ein.

Paketsammelstelle

Es lohnt sich wirklich, einmal durch die Straßen zu gehen und sich den Warenumschlag und das Umladen bis zum letzten Transportschritt anzuschauen. Da gibt es dann keine computergesteuerten sterilen Verteilzentren am Stadtrand mehr, nein, hier kommt ein Kleintransporter, fährt vor einen Laden irgendwo an der Straße, spuckt 200 Pakete aus und fährt wieder weg. Jetzt liegen die Päckchen zur Hälfte unter Dach, zur Hälfte auf der Straße, auf einem großen Haufen, in dem wir nichts finden würden. Der Betreiber dieses Pseudolagers findet aber jedes Paket in kürzester Zeit, sein Kollege oder Konkurrent in der nächsten Straße arbeitet genauso.

Wenn man die günstigste Versandartart ausgewählt hat, dann bekommt man eine Nachricht aufs Smartphone mit der Adresse der Abholstelle, geht hin, zeigt die Nachricht vor und schon hat man das richtige Paket in der Hand. Mit Zauberhand wird es in Windeseile aus dem Paketberg zum Vorschein gebracht. Für wenige Cent Versandgebühr, bei größeren Shops immer kostenlos, wird alles bis zur Wohnungstür oder sogar ins Hotelzimmer zugestellt. Das erfolgt dann in ähnlicher Weise wie bei der Anlieferung des Essens. Bei einigen Einrichtungen wie zum Beispiel Studentenwohnheimen dürfen die Kuriere das Gelände nicht betreten. Kurzerhand wird auf dem Gehweg vor dem Eingangstor eine große Plane aufgespannt, alle Pakete werden darunter verstaut und während des ganzen Tages kommen die Studentinnen, um ihre Pakete abzuholen, während an der anderen Seite die nächste Lieferung aus der Provinzhauptstadt entladen wird. Uns Europäern würde zuerst die Sorge umtreiben, wie viele Päckchen denn irgendwo auf dieser eher unkonventionellen Lieferschiene verloren gehen, andere hätten Angst, dass zerbrechliche Ware auch zerbrochen ankommt. Beides scheint aber in einem marginalen Bereich zu liegen.

Bei Nichtgefallen erfolgt die Rücksendung ähnlich einfach. Einpacken, verkleben, zur Versandstelle bringen ist gar nicht notwendig, es reicht ein Anruf beim Kurierdienst. Dieser schickt einen Mitarbeiter ins Haus oder ins Hotel, der Kartons und anderes

Verpackungsmaterial mitbringt, oft auch aus alten Pappen schnell einen Karton in passender Größe formt und alles darin sicher verpackt. Der Auftraggeber muss nur den Adressaufkleber ausfüllen und einen kleinen Betrag bezahlen.

b Reales Shopping – Beispiel TV-Gerät

Einkaufen im Fachgeschäft oder einem Kaufhaus ist aber noch nicht gänzlich ausgestorben. Es ist bei manchen Artikelgruppen wie Waschmaschinen oder TV-Geräten eben doch sehr vorteilhaft, weil hierbei der gesamte Prozess eben nicht mit der Lieferung abgeschlossen ist. Begleiten wir einen Kaufinteressenten für ein Fernsehgerät. Zur Auswahl stehen japanische, koreanische oder chinesische Modelle. Man lässt sich verschiedene davon vorführen, spricht über Preise, Rabatte, Leistungsmerkmale und entscheidet sich für ein Modell, zahlt und geht nach Hause. Geht nach Hause ohne das Gerät? Ja, schließlich ist das Gerät schwer und unhandlich, wie soll der Kunde das denn selbst transportieren? Richtig, aber das ist nur einer der Gründe. Mit dem Kauf ist nämlich ein kompletter Service verbunden, der sich folgendermaßen gestaltet. Kaum ist man zuhause angekommen, erhält man eine Nachricht, wann die Anlieferung erfolgen soll. Selbstverständlich ist der Termin beliebig anpassbar oder schon vorab ganz flexibel festlegbar. Genau zur angegebenen Zeit kommt das Gerät an, ein oder zwei Mitarbeiter der Servicefirma stellen es auf den Boden, packen es aus, packen das Verpackungsmaterial wieder ein, nehmen den alten Fernseher von dessen Platz, wischen den Staub weg, stellen das neue Gerät auf oder befestigen es an der Wand, schließen es an Strom, Antenne und Internet an, schalten es ein, starten den Sendersuchlauf, erklären die Funktionsweise des Gerätes und der Fernbedienung und verschwinden wieder mit dem Alt-Gerät und dem Verpackungsmaterial. Der Kunde muss sich nur noch gemütlich aufs Sofa setzen und die erste Sendung genießen. Das alles ist kein Premiumservice für eine hohe Gebühr, sondern gehört zum Standardvorgang des Kaufens eines Fernsehgerätes dazu. Wie viele Deutsche wären glücklich, wenn sie in den Genuss einer solchen Leistung kommen könnten, insbesondere wenn sie nach einer Stunde komplizierter, selbst durchgeführter Arbeitsschritte und des Studierens der Bedienungsanleitung der Verzweiflung nahe sind.

c Verkaufspromotionen

Irgendwo in China werden immer neue Konsumartikel auf den Markt gebracht und egal wo man einen Stadtspaziergang macht, spätestens nach einer Viertelstunde wird man Augenzeuge, oft auch Opfer einer solchen Promotions-Kampagne. Augenzeuge durchaus im Sinne von Augenschmaus, nicht immer was das Produkt angeht, sondern in Bezug auf die eleganten attraktiven Damen, die für die Promotions-Auftritte engagiert wurden. Legendär sind die Schönheiten, die in bodenlangen Kleidern, geschlitzt bis zum Po, verführerisch an den blank polierten Autos lehnen, mit geübtem Blick denselben der Passanten auf sich lenken und mit verführerischen Posen dafür sorgen, dass die Augen nicht von ihnen weichen wollen und leider dabei das Auto völlig übersehen, aber eben auch das des Konkurrenten. Trotzdem boomt der Autoverkauf wie nirgendwo sonst auf der Welt. In letzter Zeit hat sich diese Präsentationsmethode leicht verändert, weil die Partei jetzt glaubt, es entspräche nicht der chinesisch-kommunistischen Moral, und weil die Autohersteller eigentlich ihre Fahrzeuge verkaufen wollen und nicht ihre Werbedamen.

Ähnlich bekleidete und gestylte Damen sind auch oft auf Laufstegen zu sehen, die irgendwo auf einem zentral gelegenen Platz aufgestellt wurden. Mit lässigem Gang schreiten sie auf diesen

Verkaufsshow

Planken vor und zurück, begleitet von Technomusik oder China-Pop, die schon von Weitem zu hören sind und mithelfen, Schaulustige anzulocken. Worum geht es hier wohl? Die Markteinführung eines neuen Edelparfums? Eine Präsentation der neuesten Kollektion eines Modeschöpfers? Wenn man näher kommt, dann sieht man, dass die Damen etwas in der Hand halten und mit sich über den Laufsteg tragen. Ein ganz banales Shampoo für jeden Tag, mehr nicht. Aber die Show dazu ist beeindruckend.

Weniger Augenschmaus wird gleich nebenan geboten. Ein paar Tische stehen dort, darauf Flaschen mit braunem Inhalt ordentlich aufeinandergestapelt und eine davon ist kostenlos für jeden Passanten. Schmeckt gar nicht so schlecht, dieses neue Kakaogetränk. Man lässt sich noch eine zweite Flasche geben, geht weiter und kauft später das, was man schon immer gekauft hat. Noch weit hinter dieser Präsentationsfläche hört man laut die Musik hämmern, denn diese gehört zum Basis-Repertoire einer jeden Verkaufsshow, egal was angeboten wird.

Eleganz wird komplett durch Lärm ersetzt, wenn es darum geht die Kunden in den eigenen Laden zu locken und sie nicht an das

Geschäft nebenan zu verlieren. Hier gibt es einen Standard, dessen sich jedes Geschäft bedient, und dieser besteht aus einem Lautsprecher aus dem letzten Jahrtausend, mit unsauberem knisternd-rauschenden Klang, aber laut, eben ein Lautsprecher. Dazu ein, nennen wir sie mal Mädel mit einem Mikrofon, in das sie unablässig und leidenschaftslos irgendwelche Sätze hineinschreit. Diese vermengen sich mit dem Output des Lautsprechers, der vor dem Geschäft nebenan aufgestellt wurde, und so geht es weiter bis zur nächsten Straßenecke. Auf diese Art wird für Smartphones, Kinderspielzeug, salzloses Bort geworben. Schlichtweg also für alles. Chinesen ignorieren den Lärm offensichtlich, Europäer müssen bald vor dieser Beschallung fliehen, unsere Ohren sind einfach nicht daran gewöhnt und beginnen deshalb rasch zu schmerzen. Wer weiß schon, ob diese Art der Promotion den Umsatz steigert? Aber wer weiß auch schon, ob man mit den Klicks auf den teuer bezahlten Werbeseiten im Internet noch mehr verkaufen kann.

Amüsanter sind sicherlich die als Unterhaltung getarnten gelegentlichen Verkaufsshows in den eher langsam fahrenden Zügen. Man sitzt, gemütlich aus dem Fenster schauend und Wiener Walzer Musik hörend, auf seinem Platz, als weiter hinten Stimmen laut werden, die auf einer Zugfahrt zunächst fremdartig klingen. Offensichtlich handelt es sich nicht um eine übliche Unterhaltung der Fahrgäste. Beim Umdrehen sieht man jemanden, der in eine etwas eigenartige Uniform gehüllt im Gang steht und sich mit den Leuten aus den umliegenden Sitzreihen unterhält. Beim genaueren Hinschauen fällt auf, dass er ihnen auch etwas gibt. Einen Kugelschreiber, ein kleines Plüschtier, ein Spielzeug. Dazu stellt er Fragen, also handelt es sich eventuell um ein Quiz? Er ist Verkäufer und Komiker zugleich, erfahren im Entertainment. Wer dann ein paar RMB aus der Tasche zieht, bekommt ein weiteres kleines sinnloses Spielzeug und zusätzlich die Chance auf einen richtig tollen Preis. Das Ganze schaukelt sich immer weiter hoch, bis endlich die besten Preise an diejenigen gehen, die einen umfassenderen Verkaufsauftrag abgeschlossen oder gar ein Abonnement eines bis dahin nicht benötigten Presseartikels erworben haben. Irgendwann ist der Koffer mit all den kleinen Geschenken leer, die Verkäufe sind abgeschlossen, der Verkäufer hat einen kleinen Gewinn gemacht und die Reisenden haben sich auf der sonst eher eintönigen Reise köstlich amüsiert und jeder kommt zufrieden an sein Ziel.

d Einmal Haare schneiden bitte – Beim Friseur

Chinesen gehen gerne und oft zum Friseur und deshalb gibt es auch eine schier endlos große Menge von Friseurgeschäften. Selten hat man einen Stammfriseur, selten vereinbart man vorher einen Termin. Ausländer gehen nur dann zu einem chinesischen Friseur, falls sie länger als 2 Monate im Land sind, also durch die Zeitdauer gewissermaßen dazu gezwungen sind, wenn sie nicht gerade auf dem Trip zu langen Haaren sind. Bei diesem Handwerk ist das sprachliche Improvisieren nicht ganz ungefährlich, weshalb ich auch dazu rate, sich den gewünschten Haarschnitt beziehungsweise das Ergebnis des selbigen auf Chinesisch aufzuschreiben, am besten unter Mithilfe eines Muttersprachlers. Auch ein Foto, aufgenommen nach dem letzten erfolgreichen Haarschnitt zuhause, kann sehr hilfreich sein. Man zeigt es vor und drückt den Wunsch aus, dass man nach der Tat in etwa so ähnlich aussehen möchte wie auf diesem Bild.

Betreten wir also ein solches Friseurgeschäft. Auf den ersten Blick fällt auf, dass es dort sehr viel Personal gibt, auf den zweiten Blick merkt man, dass die Personalstruktur hier genau gegensätzlich zu der in Deutschland ist, will sagen, die Haarschneider und -Stylisten sind nahezu ausnahmslos männlich und ebenso ausnahmslos jung. Damen findet man immer an der Kasse und bei der Begrüßung, seltener auch einmal beim Haarewaschen, so gut wie nie beim Schneiden. Kaum tritt man durch die Tür, erschallt auch schon ein lautes „Willkommen, willkommen" und man wird sofort in Richtung der Waschplätze geschoben. Doch hier ist es angeraten, diesen Standardprozess zu unterbrechen und erst einmal an der Kasse die gewünschte Dienstleistung auszuwählen. Interessanterweise werden für den gleichen Haarschnitt drei unterschiedliche Preise angeboten, ja in ganz besonderen Geschäften sogar vier oder fünf. Warum ist das so? Nun, für den günstigsten Preis bekommt man den Mitarbeiter mit der geringsten Erfahrung zugeteilt, für den höchsten Preis denjenigen mit der größten Erfahrung, die anderen liegen irgendwo dazwischen. Somit gibt es also für unterschiedliche Budgets auch unterschiedliche Angebote. Die Preise sind in der einfachen Kategorie deutlich niedriger als in Deutschland, in der obersten Preisgruppe und bei entsprechend populären Geschäften können sie auch deutlich höher liegen.

Der Wettbewerb zwingt zu auffallenden Marketing Maßnahmen. Das Design des Geschäftes kann eine davon sein. Im Trend sind cool wirkende Räume mit kalter blauer Beleuchtung oder das Gegenteil davon, schrill in leuchtenden Farben. Auch beim Outfit der Friseure gibt es ausgefallene Mode zu sehen. Schwarze Anzüge, dazu eine weißer Hut mit Krempe fällt sehr auf, ebenso aber alte Jeans mit dutzenden Löchern und dazu eine Frisur mit einem Kilo Gel getränkt, die weit nach oben zeigt, dorthin, wo man mit dem Gewinn auch bald sein möchte. Und wer genügend Platz hat, der positioniert eine kleine Bühne mitten im Salon und bietet Livemusik, von attraktiven Damen vorgetragen.

Taschen und Jacken werden dem Kunden abgenommen, oft in ein Schließfach gelegt, es gibt Getränke und Snacks, um Wartezeiten zu überbrücken, und dann geht es auch schon zum Waschraum, wo sich eine Vielzahl von Waschplätzen aneinanderreiht. Anschließend erläutert der Kunde dem ausgewählten Meister, welchen Haarschnitt er gerne hätte. Bei Männern selten, bei Frauen häufig, wird zunächst einmal darauf hingewiesen, dass man eine Mitgliedskarte erwerben könne, wodurch dann jeder zehnte Haarschnitt kostenlos wäre. Selten wird dieses Angebot angenommen. Männer sagen also ihren Wunsch und sogleich geht es mit dem

Schneiden los. Frauen sagen ihren Wunsch und sogleich werden seitens des Meisters gut gemeinte, Umsatz fördernde Vorschläge gemacht. „Zu Ihrer enteneierförmigen Gesichtsform würde ich Ihnen sehr ans Herz legen, Ihre wunderbaren Haare leicht gelockt zu tragen." Andere schlagen vor, mit einer kleinen Farbnuance dafür zu sorgen, sich vom Einheits-Schwarz ihrer Mitbürgerinnen abzuheben. Lassen Sie mich an dieser Stelle zwei Anmerkungen machen. Der Begriff „enteneierförmiges Gesicht" wird wahrlich nicht als Beleidigung empfunden, sondern als große Schmeichelei, ist er doch der immer wieder gern gehörte Begriff für die ideale Gesichtsform der chinesischen Frau. Zum Thema Haarfarbe passt es an dieser Stelle gut, darauf hinzuweisen, dass Sie Koreanerinnen zu 90 % ganz leicht von Chinesinnen und Japanerinnen daran unterscheiden können, dass Erstere sehr gerne gefärbte Haare tragen, von Rot über verschiedene Brauntöne bis Blond, während Chinesinnen und Japanerinnen immer noch nahezu ausnahmslos beim Schwarz bleiben. Das also ist ein sicheres Indiz für Koreanerinnen. Chinesinnen kann man auch recht einfach von Japanerinnen unterscheiden, allerdings nicht am Stil und Farbe der Haare. Deshalb passt dieses Kapitel nicht dazu, diesen Unterschied zu erläutern. Verschieben wir es also auf eine andere Gelegenheit.

Nachdem all die gut gemeinten Ergänzungsvorschläge freundlich, aber bestimmt abgelehnt wurden, beginnt die Arbeit. Als Handwerkszeug benutzen chinesische Friseure die gleichen Maschinen wie ihre deutschen Kolleginnen. Sie arbeiten gründlich, sorgfältig und schnell. Nach dem Haarschnitt folgt eine zweite Haarwäsche, an die sich dann das Finale anschließt. Noch einmal letzte Korrekturen mit der Schere und dann werden die Haare, eine gefühlte Ewigkeit lang, mit den Fingern gekämmt und in ihre endgültige Form gebracht, wobei mit Gel und Spray nicht sparsam umgegangen wird. Wie zeigt man dem Kunden in Deutschland nach getaner Arbeit das Ergebnis an der Rückseite des Kopfes? Genau, unter Zuhilfenahme eines Spiegels. Und wie zeigt man das Ergebnis in China? Genau, mit einer Serie von Smartphone Fotos. Und wie bezahlt man beim chinesischen Friseur? Zweifelsohne mit „wechat" oder „Alipay".

Wenn sich einmal ein Ausländer in einen Friseurladen verirrt, dann werden mit den Abschlussfotos auch noch ein paar Selfies geschossen, die den Kunden zusammen mit dem Meister zeigen. Gerne gesellen sich einige der Damen an der Kasse zu diesen Schnappschüssen hinzu.

Chinesische Frauen unter 50 Jahren bringen übrigens keine wirklichen Herausforderungen mit in das Geschäft, wollen sie doch oft nur ihre langen glatten Haare um fünf Zentimeter gekürzt und ausgedünnt haben. Sollte sich aber doch eine Kundin zu Locken überreden lassen oder schon mit dieser Absicht den Laden betreten, dann wird sie für mehrere Stunden nicht wieder herauskommen. Und das liegt auch daran, dass chinesisches Frauenhaar eine ganz andere Struktur und physische Eigenschaften hat als deutsche Durchschnittshaare. Sagen wir es einfach so, sie sind viel dicker. Entsprechend zeitintensiver wird es, sie aus einer glatten in eine gelockte Form zu verwandeln.

Etwa mit 50 Jahren gehen chinesische Frauen schlagartig von langen glatten zu kurzen, oft dauergewellten Haaren über. Irgendwann schleicht sich dann auch das erste Grau ein, hier ist China also gar nicht so anders. Glücklicherweise beherrschen auch chinesische Friseure das Färben. Somit bilden die über 50-jährigen Frauen den Kundenkreis mit den anspruchsvolleren Anforderungen. Das wird aber noch übertroffen durch das kunstvolle Gestalten der Haare für ganz besondere Anlässe, wie zum Beispiel eine Hochzeit. Dann zeigen die Haarstylisten, was sie wirklich draufhaben. Der Fantasie sind hier keine Grenzen gesetzt und den Preisen auch nicht. Die Kundin geht als Mensch in das Geschäft und verlässt es als Puppe, als Kunstobjekt. Sie kann sich den Bewunderungsausrufen ihrer Mitmenschen sicher sein.

Es ist übrigens nicht der Rede wert, über die Herren als Friseurkunden zu sprechen. „Bitte Nachschneiden", das ist alles, was sie wollen. Ich denke, in absehbarer Zukunft wird das auch so bleiben.

6 Der hockende Chinese

Chinesen wurde eine erstaunliche Eigenschaft in die Wiege gelegt, die Fähigkeit über eine lange Zeitspanne sehr stabil zu hocken. Dieses Gen hat all die kaiserlichen Dynastien überdauert und auch die vielen Jahrzehnte des kommunistischen Zeitalters problemlos überstanden.

Es gibt zahlreiche Gelegenheiten, bei denen diese Hocktechnik, wie wir sofort sehen werden, angewendet wird. Aber zunächst wollen wir ergründen, wie denn die chinesische Hocke funktioniert. Die Füße werden dazu in etwa so weit auseinandergestellt, dass drei weitere Füße dazwischen Platz finden würden, dann werden die Fußspitzen ein wenig nach außen gedreht, sodass eine leicht V-förmige Fußposition entsteht und beide Füße flach und fest auf den Boden gedrückt sind. Jetzt drückt man das Gesäß zwischen den Beinen nach unten, bis es etwa eine Handbreit über dem

Hockende Chinesen

Boden seine endgültige Parkposition erreicht hat. Die Ellenbogen werden an der Innenseite der Oberschenkel, kurz oberhalb der Knie fixiert und die Hände in der Körpermitte gefaltet. Alternativ legen einige Hocker die Ellenbogen auch auf die Knie. In dieser Position kann ein Chinese nun schier endlos lang verweilen. Falls es jetzt schon einmal jemand ausprobieren möchte, dann rate ich dazu, am Anfang je ein dickes Buch unter die beiden Fersen zu legen. Das dient zweifelsfrei der Stabilität. Wenn Sie damit eine Weile in einer einigermaßen stabilen Hockposition verharren können, dürfen Sie es gerne ohne Zuhilfenahme der Bücher ausprobieren. Der Unterschied ist sofort zu spüren.

Haben die Toiletten im chinesischen Stil das Hockvermögen gefördert, ja erzwungen oder sind die Toiletten chinesischen Stils in ihrer besonderen Art gestaltet worden, weil ihre Benutzer so hervorragend hocken können? Es gibt keine schlüssige Antwort. Auf jeden Fall ist das Hocken auf oder besser über einer chinesischen Toilette eine geradezu geniale Fähigkeit, das Geschäft dort gefahrlos zu erledigen. Für diejenigen, die noch keine genaue Vorstellung über die Gestaltung einer chinesischen Toilette haben, sei erwähnt, dass es sich hier um eine länglich geformte Öffnung im Boden handelt, die links und rechts davon Platz für die Füße der gespreizten Beine bietet. Der Chinese erledigt seine Entleerungen also weder im Stehen noch im Sitzen, sondern im Hocken. Keine Angst, verehrter westlicher Leser, China ist mittlerweile umfassend mit einer Vielzahl der uns bekannten Toilettenform ausgestattet und sogar japanische Hightech Toiletten verbreiten sich schnell, sodass Hocksübungen nicht zur Reisevorbereitung notwendig sind. Es besteht jetzt eigentlich die Notwendigkeit, darüber zu reden, wie es Mann und Frau denn schaffen, aus der normalen Hocke, also vollständig angezogen, in die Variante mit heruntergelassener Hose oder hochgezogenem Rock zu kommen, es dabei immer noch schaffen, stabil zu hocken, gleichzeitig noch einer dringenden Betätigung nachzugehen und im selben Moment dafür zu sorgen, dass die Kleidungsstücke irgendwo über dem Boden, also in sicherer Höhe verharren und nach Ende dieser Hocksübung genauso sauber sind wie zu Beginn. Leider habe ich das bisher aber nicht beobachten können, obwohl es noch immer zahlreiche halb offene öffentliche Toiletten gibt. Verbleiben wir also damit, dass sie es können.

Deutlich entspannter wird die Hocke angewendet, wenn man irgendwo in einer langen Schlange warten muss. Warum sich dann mühsam die Beine in den Bauch stehen? Das fragen sich die Chinesen nicht. Nein, sie werden sofort die Hockhaltung einnehmen. Ihre Mit-Wartenden tun das auch und rasch beginnt eine kleine Konversation im Hocken. Natürlich bewegt sich jede Warteschlange und mit ihr der Hockende. Bei langsamem Tempo der Warteschlange verbleibt man in der Hocke und schiebt lediglich die Füße zentimeterweise nach vorne, also gewissermaßen ein Vorwärtsrutschen in Hockhaltung. Sollte sich die Schlange schneller nach vorne bewegen, dann steht man kurz auf, geht fünf Meter nach vorne und hockt sich wieder hin. Bei allen Großereignissen lässt sich das wunderbar beobachten. Ich sah es das erste Mal während der Olympischen Sommerspiele in Peking und kurz darauf während der Expo in Shanghai. Auf Bahnhöfen wird genauso gerne gehockt wie vor einem voll besetzten Restaurant, nur auf den Flughäfen ist das Hocken noch nicht so richtig angekommen oder schon wieder verschwunden.

Da es auch in China Menschen gibt, die aus Fitness- oder sonstigen Gründen nicht hocken können oder hocken wollen, ist die Variante des Hockens auf einem Hocker sehr beliebt. Diese Hocker sind klein, nur etwa 20 Zentimeter hoch, aus einfachstem Plastik, grellbunt und sehr leicht. So sieht man also viele Chinesen, die anstelle oder zusätzlich zu Hand- oder Aktentasche immer einen Hocker mit sich führen, diesen, sobald das Vorwärtsgehen ins Stocken gerät, schnell hinstellen und sich daraufsetzen. Bei vielen Imbissen, auf den Nachtmärkten, im Wartebereich vor einem Restaurant oder einer Zahnarztpraxis, kurzum überall, wo man warten kann, stehen diese Minihocker herum. Es gibt sie natürlich auch im Überfluss in den chinesischen Wohnungen. Wenn einmal mehr Besucher kommen, als Sofa-, Sessel- und Stuhlplätze vorhanden sind, dann wird schnell ein Hocker gereicht. Für Gäste, die die Höhe von einem Meter und achtzig deutlich überschreiten, kann das zu einer echten Herausforderung werden. Das Original-Hocken hingegen ist für alle Körperlängen leicht zu meistern. Die Limitierungen liegen hier eher am Körperumfang, was aber Chinesen bisher nicht in nennenswertem Maße betrifft.

7 Fit und fröhlich – Szenen im Park

Chinesen, die Freizeit haben, gehen in den Park, auf einen Platz in der Stadt oder auf einen breiten Gehweg. Auf jeden Fall gehen sie hinaus, sei es, weil sie in der Enge der eigenen Wohnung nicht das tun können, was sie tun wollen, sei es, dass sie Gleichgesinnte treffen wollen, sei es, dass sie zu ihrem Tun die frische Luft suchen (frische Luft in China? Natürlich gibt es sie, nicht immer und nicht überall, aber es gibt sie). Also gehen wir ebenfalls in den Park und schauen uns an, was dort alles geschieht.

Ein Park in Deutschland, wir erinnern uns, dient dazu, sich auf das Gras zu legen, eventuell mit einem Ball oder Hund zu spielen, Würstchen zu grillen und Bier zu trinken. Ein Park in China dient dazu, unterschiedlichsten sportlichen und künstlerischen Tätigkeiten nachzugehen, in einer Gruppe, für sich alleine, zur Unterhaltung anderer oder völlig in sich gekehrt. Die Tageszeit gibt dafür einen gewissen Rahmen. Wir müssen sehr früh aufstehen, denn schon im Morgengrauen, also bevor man selbst zur Arbeit geht, finden sich diejenigen ein, die ihre Tai-Chi, Qigong oder Schwertkunst-Übungen machen. Manche stehen alleine unter einem Baum und vollführen ihre graziösen geschmeidigen Bewegungen völlig in sich selbst versunken, andere schließen sich einer Gruppe an, die sich regelmäßig hier trifft. Dabei sind immer zwei oder drei erfahrene Teilnehmer anwesend, die den anderen die Feinheiten der Bewegungen geduldig erläutern, also als Lehrer agieren. Es stimmt, dass die meisten Teilnehmer ältere, bereits pensionierte Herrschaften sind, es stimmt nicht, dass überhaupt keine jungen Menschen diesen Betätigungen nachgehen.

Einige haben sich dazu ihre frisch gewaschene bequeme Kung-Fu Kleidung angezogen. Darin wirken sie elegant und ziehen magisch die Augen von Beobachtern auf sich, andere haben sich in unspektakuläre Alltagskleidung gehüllt und bei einer dritten Gruppe hat man den Eindruck, sie wären mit ihrem Schlaf- oder Hausanzug erschienen. Dieser Eindruck trügt übrigens nicht

Kalligraph

immer. Auch beim abendlichen Spaziergang in der Stadt kommen einem immer wieder Schlafanzugträger entgegen.

Ebenso beliebt am Morgen sind anderen Aktivitäten, die nicht durch sportliche Bewegungen gekennzeichnet sind. Dazu gehört das Malen der Blumen, die im Park wachsen, und das kunstvolle Zeichnen von kaligrafischen Schriftzeichen mit einem in Wasser getränkten Pinsel auf eine mit Steinen oder Asphalt versiegelten Fläche.

Zwischen dem späten Vormittag und dem Nachmittag wird es ruhiger in den Parks, aber es ist nur eine Pause, die in den kühleren Stunden durch ein Festival von Betätigungen verdrängt wird. Während des Tages, insbesondere wenn die Sonne scheint und es heiß ist, bleiben die Chinesen gerne in der Kühle der Wohnung. Wir suchen die Sonne, sie suchen den Schatten, wir suchen die Wärme, sie suchen die Kühle. Hier sind Chinesen und Deutsche fundamental anders.

Jetzt ist also das verlängerte Mittagsschläfchen rum und wir kehren in den Park zurück. Richten wir dann den Blick nach oben, so sehen wir Drachen am Himmel schweben, in furchteinflößenden oder verspielten Formen, als militärischer Düsenjet geformt, als buntes Gesicht, als Schlange. Folgen unsere Augen der Schnur vom Drachen abwärts, so stoßen sie am Boden immer auf erwachsene Männer, die kunstvoll ihre Spielzeuge steuern und Schnur von einem Rad, ähnlich dem Steuer eines Bootes, ab- oder zugeben. Gelegentlich mischen sich schon Drachen mit kleinen Motoren darunter, die den nur dem Wind ausgesetzten Kollegen an Kunstfertigkeit weit überlegen sind. Aber ein echter Drachenpilot meidet natürlich die Kraft des Motors. Zuschauer müssen sich vorsichtig bewegen, um nicht in die Vielzahl der sehr dünnen, kaum sichtbaren Schnüre zu geraten. Ebenso eine Männerdomäne ist das Spiel mit großen Jo-Jo Kegeln, die mit schnellen knallenden Schlägen immer wieder in Bewegung gehalten, nach oben, zur Seite geschleudert und dann sicher wieder aufgefangen werden. Schon von weit her kann man dieses Spiel schon hören, weil es von einem dauerhaften dumpfen Surren untermalt ist.

Trimm-dich-Bewegung

Unweit davon stehen einige Geräte, die unserer Trimm-dich Bewegung aus den 70er Jahren des letzten Jahrhunderts ähnlich sind.
Daran werden allerlei Bewegungs-, Dehn- und Kraftübungen aus-
geführt. Diese Geräte werden von Männern und Frauen gleichran-
gig genutzt, wobei die älteren Männer immer noch oft ihr Hemd
weit nach oben schieben und ihren wohlgeformten Bauch der
Sonne und den Passanten darbieten und um bei all der Anstrengung in den Genuss eines kühlenden Abendwindes zu kommen.

Parks bestehen nicht nur aus Gras- oder Sandflächen, sondern
oft findet man darin auch kleine hölzerne Tempel, Pagoden,
traditionelle Häuser, Teiche und gebogene Brücken. Diese Gebäude sind mit überdachten Promenadengängen verbunden,
die links und rechts immer mit durchgehenden hölzernen oder
steinernen Sitzbalken ausgestattet sind, also eine ideale Umgebung für die Kartenspieler. Oft sitzen hier 4 oder 5 Männer
und Frauen und schleudern mit lautem Knall und von der Qualität ihrer Karten überzeugten Ausrufen diese auf einen Tisch oder
auf den Boden. Während bei den zuvor erwähnten Betätigungen

Brettspiel

Kartenspiel

lediglich ausländische Besucher neugierig zusehen, stehen bei den Kartenspielern auch viele Einheimische staunend, manchmal Rat gebend, herum. Neben den Kartenspielern sind an diesen Orten auch Brettspiele sehr beliebt. Diese sind anspruchsvoll, weshalb die Spieler durch große Konzentration den Lärm der Umgebung ausblenden müssen.

Wenn wir ein paar Meter weitergehen, hören wir unschwer Musik, etwas seltsam, aber doch interessant klingend. Also treibt uns die Neugierde vorwärts und wir erblicken einen Mann, der mit einer Harmonika oder einem Saiteninstrument eine Melodie spielt und damit eine Frau begleitet, die voller Inbrunst traditionelle chinesische Lieder und Szenen aus chinesischen Opern zum Besten gibt. Und man sieht sofort, dass die beiden nicht für ein Publikum hier sind, sondern nur, weil sie Freude an ihren musikalischen Darbietungen und Fertigkeiten haben. An der nächsten Ecke treffen wir auf eine ähnliche Aufführung. Dieses Mal sind die Künstler aber von vielen Bewunderern umringt, die in den Gesang mit einstimmen oder ihnen einfach nur mit Beifall ihre Gunst erweisen. Niemand stört sich daran, dass die musikalischen Darbietungen zu einem akustischen Gesamtwerk verschmelzen, das in unseren Ohren wahrlich Schmerzen verursachen kann. Das liegt einerseits daran, dass die von zuhause mitgebrachten Lautsprecherboxen einfach eine schreckliche akustische Qualität haben, andererseits aber auch daran, dass die Melodien chinesischer klassischer Opern in unseren Ohren schlichtweg unharmonisch klingen. Durch die räumliche Nähe der Künstlergruppen klingt das alles aus der Ferne nur noch wie ein dicker musikalischer Brei. Schnell kann man erkennen, welche Gruppen sich hier zufällig zu einem Happening getroffen haben und welche schon seit längerer Zeit gemeinsam auftreten und ihre Aufführung mit einer eingeübten Choreografie ausgestattet haben.

An einer anderen Stelle im Park wird ein ruhigeres und grazileres Schauspiel dargeboten, das Schwingen von langen bunten Bändern, ähnlich der rhythmischen Sportgymnastik hierzulande. Diese Bänder werden zu kunstvoll geformten Schleifen geschwungen, wobei die Künstlerinnen leichtfüßig über die ganze Fläche des Platzes schweben, dabei aber immer konzentriert und voller Anmut auf ihre bunten Bänder schauen. Es gelingt ihnen dabei mühelos, ihr Band nicht mit denen der anderen Damen zu einem dicken Knoten zu vereinen.

Musik im Park

Spiel mit den Bändern

Und dann sind da noch die Tanzszenen zu erwähnen, die Freizeit-
beschäftigung schlechthin. Einmal das klassische Paartanzen zu uns
vertraut klingenden Wiener Walzer, Tango und Foxtrott Rhythmen.
Die Musik kommt auch hier aus einer Reihe von mitgebrachten
alten Lautsprechern, klingt also alles andere als *Dolby Digital*, aber
die Tänzer bewegen sich voller Hingabe zur Musik und wirbeln
über die Tanzfläche. Nicht wenige haben dazu einen guten Anzug und ein langes Ballkleid angezogen. Man erkennt auch hier
sehr schnell, welche Paare jeden Abend zu diesem Platz kommen
und ihr Können zeigen, aber man sieht auch viele Pärchen, die
sich spontan gefunden haben. Oft tanzen zwei Frauen miteinander,
weil die Männer einfach in der Minderheit sind, oder anders gesagt, der tanzbegabte Mann kann hier einen abwechslungsreichen
Abend verbringen und zahlreiche Damen im Kreis drehen. Wie
dieser Tanzabend für ihn endet, entzieht sich unserer Kenntnis.

Massentänze zu einer exakt vorgegebenen Choreografie fehlen natürlich auch nicht. Hierzu können sich durchaus Gruppen von 50 bis 80 Personen zusammenfinden, die sich in militärischer Anordnung über den ganzen Platz verteilen. Vor der Gruppe steht die Vortänzerin, sie zeigt die Schrittfolge und alle folgen ihr. Dabei muss man sehr auf Körper-, Kopf- und Handhaltung achten, denn es geht auch hier um eine Gesamtperformance. Zuschauer können sich jederzeit in die Formation einreihen, ausländische Teilnehmer werden besonders gewürdigt und angehalten, doch länger in dem Ensemble zu verweilen. Das Ganze ist den Kursen in manchen deutschen Fitnessstudios nicht unähnlich, doch sind die chinesischen Parks als Ort den nach Körperschweiß riechenden Kursräumen hierzulande wirklich vorzuziehen. Jazztanz wird immer beliebter in China und das ist die Domäne der jungen Frauen, die schick gekleidet und aufwendig geschminkt ihre Körper unter den grün angestrahlten Parkbäumen bewegen.

An einer weiteren Stelle wird es wieder ruhiger. Hier spielen Frauen und Männer gemeinsam Mah-Jongg, nebenan spielen ausschließlich Männer eine chinesische Variante des Schachspiels. Mah-Jongg ist übrigens das Spiel, das Chinesen überall und immer, stundenlang und voller Konzentration spielen. Man erwartet eine hohe Qualifikation aller Mitspieler, deshalb werden inländische Fremde selten und ausländische Fremde nie dazu eingeladen, sich an einem Spiel zu beteiligen. Nur in dringenden Fällen darf jemand eine kurze Pause machen, dann sucht man schnell einen Ersatzspieler, nur um ihm 3 Minuten später zu erkennen zu geben, dass er mit seinem Nicht-Können beim nächsten Mal doch lieber fernbleiben sollte.

Und dann sind da noch diejenigen, die sich mit Elementen der *Traditionellen Chinesischen Medizin* ihre Gesundheit bewahren wollen. Sie können an jeder beliebigen Stelle des Parks stehen, wo sie einfache Übungen vollführen, die darin bestehen, mit geballten Fäusten oder mithilfe eines kleinen Holzhämmerchens den Körper von oben nach unten und wieder zurück abzuklopfen. Das geschieht nicht ziellos, sondern sie versuchen sehr exakt die Meridiane zu treffen, also die Energiebahnen, die die Organe unseres Körpers miteinander verbinden. Klopft man an den richtigen Stellen und in der richtigen Intensität, so werden Blockaden im Körper beseitigt oder bereits ihr Entstehen verhindert. Auch diese Übungen werden ganz selten von jungen Menschen praktiziert. Sowieso ist die Kunst der *Traditionellen Chinesischen Medizin* eine Domäne der alten Männer. Die Regierung unternimmt jetzt aber große Anstrengungen, damit diese Kunst auch kommenden Generationen erhalten bleibt, indem neue Ausbildungswege dafür eröffnet werden.

Egal welche Gruppen sich an welchen Aktivitäten erfreuen, nirgendwo ist Alkohol zu sehen und niemand liegt angetrunken auf dem Rasen. Spätestens gegen 22 Uhr leeren sich die Parks. Bäume, Sträucher und Gräser erholen sich und die Goldfische im Teich genießen die nächtliche Ruhe, bis beim nächsten Sonnenaufgang die ersten Tai-Chi Meister wieder eintreffen.

8 Alt oder neu – Echt oder gefälscht?

In China wird alles Neues zu alt erklärt und Falsches als echt verkauft! Das ist eines der Stereotype, das gebetsmühlenartig immer und immer wieder zu hören ist. Bei vielen Produkten mag das sein, aber ist das auch ein Thema, das für Touristen relevant sein kann? Ja, ist es, denn wenn Sie als Tourist kommen, werden Ihre Sinne immer etwas wahrnehmen, bei dem es nicht egal ist, ob es echt oder gefälscht ist. Das sind natürlich die Touristenattraktionen selbst, aber auch Konsumgüter, die Sie bestaunen, eventuell sogar kaufen werden.

Viele chinesische Ortsnamen tragen die Bezeichnung „Ancient City", oft um das Attribut „UNESCO Weltkulturerbe" ergänzt. Aber sind diese Orte tatsächlich alt und wenn ja, wie alt und welche Teile davon sind alt? Ich will hier nicht die einzelnen Orte von A bis Z durchbuchstabieren und Stück für Stück enttarnen, sondern ich will über die Charakteristika solcher Orte sprechen. „Ancient City" heißt zunächst einmal, dass sie ein altes Stadtbild haben, geprägt durch Häuser, Straßen, Plätze, Stadtmauern. Es heißt, dass die Häuser oft aus Holz sind, dass es ganze Straßenzüge aus Holzhäusern gibt, eine vollständig erhaltene Stadtmauer, Türme, eine historische Wasserversorgung und dergleichen mehr. Die Häuser selbst haben eine oder zwei Etagen, die Straßen sind eng, haben Kopfsteinpflaster als Belag und können von kleinen Bachläufen umspült werden. Die Herrschaftshäuser der Mandarine aus längst vergangenen Epochen haben große Innenhöfe, in denen alte Schatten spendende Bäume stehen, Bäche plätschern und Fische schwimmen. Immer wieder findet man kleine Tempel und Pagoden. Wenn Sie all das sehen, dann sind Sie in einer „Ancient City" oder auch nicht. Und es wird noch schwieriger, denn wie Sie sicher wissen, leben in China viele Minoritäten, also eigene Volksgruppen mit eigener Kultur, Sprache. Kleidung und eben auch Architektur. Das bedeutet, dass es auch viel größere Häuser geben kann, auch aus Stein und trotzdem handelt es sich um einen historischen Ort. Haben Sie eine Chance, echt, also original, von unecht, also neu gebaut, aber alt aussehend, zu unterscheiden? Als Fachmann sicher, als Laie kaum, denn Chinesen können sehr original aussehend nachbauen. Es gibt mittlerweile zahlreiche Orte, die das offizielle Attribut „UNESCO Weltkulturerbe" erhalten haben. Hier können Sie sicher sein, dass Sie sich an einem echten historischen Ort befinden, denn dieses Attribut wird nur verliehen, wenn vorher umfangreiche offizielle Prüfungen erfolgreich bestanden wurden.

Holzhäuser haben die Eigenschaft, leicht entflammbar zu sein, entsprechend oft sind alte Städte von gewaltigen Feuersbrünsten zerstört worden und sehen heute doch so aus wie vor mehreren Hundert Jahren. Solche Orte wurden nach der Zerstörung gewissenhaft und detailgetreu wieder neu geschaffen, am Originalplatz, aber sie sind nicht mehr authentisch historisch. Chinesen sind wahre Könner, neu gebaute oder wieder aufgebaute Orte als

Ancient City

historisch erscheinen zu lassen, und es wird Ihnen sehr schwer fallen, dies zu erkennen. Nun, wie dem auch sei, versuchen Sie nicht, krampfhaft herauszufinden, ob der Straßenzug, durch den Sie gerade gehen, 400 Jahre alt ist oder in Wirklichkeit vor 20 Jahren komplett aus den Trümmern wiederaufgebaut wurde. Genießen Sie einfach die Stimmung und schlendern Sie durch die Gassen. Wichtig ist doch nicht das wirkliche Alter, sondern die Möglichkeit eine Idee davon zu bekommen, wie Chinesen zu Zeiten früherer Dynastien gelebt haben.

Üblicherweise müssen Chinesen und Ausländer für das Betreten einer „Ancient City" ein Eintrittsticket erwerben, dessen Preis überraschend hoch ist. Für Senioren jenseits der 60 gibt es übrigens beachtliche Preissenkungen, und das gilt auch für Ausländer, wenn sie sich entsprechend ausweisen können. Diese Gelder werden in die Erhaltung der alten Orte investiert, sind also gut angelegt. Trotz der finanziellen Hürde sind wahre historische Orte stets sehr überlaufen, was den ruhigen Blick auf Details einzelner Gebäude oft sehr schwer macht. Immer neue Massen drängen nach und schieben die vor ihnen Stehenden weiter. Ich würde jetzt nicht jede der historischen Städte besuchen, aber eine oder zwei sollten schon auf Ihrem Programm stehen. Idealerweise in unterschiedlichen geografischen und ethnischen Regionen, eine in den Bergen und eine am Wasser vielleicht, denn dann erleben Sie ein völlig unterschiedliches Flair. Allen alten Orten ist gemein, dass sich in den Gassen eine nicht enden wollende Kette von Geschäften aneinanderreiht, in denen Sie alles kaufen können, was Sie zuhause als Souvenir oder Geschenk vorzeigen können. Die Preise sind hoch, die Qualität ist schlecht. Überhaupt hat sich in den ganz besonders bekannten „Ancient Cities", also diejenigen, die in Standardreiseführern als „must see = unbedingt anschauen" angepriesen werden, ein Geschäftsgebaren entwickelt, das eher abstoßend und erschreckend ist. Schlechtes Essen, teure Kneipen mit lauter, schriller Livemusik sind wie Perlenketten an einer Schnur angebracht, dazu werden Ausflugsprogramme angepriesen, bei denen die Reisenden an jeder Stelle neu zur Kasse gebeten werden. Es gibt Orte, die mittlerweile einen so schlechten Ruf haben, dass sie von der Zentralregierung in Peking ultimativ aufgefordert wurden, binnen weniger Monate dieser Praxis ein Ende zu bereiten und die Besucher wieder fair zu behandeln.

In den alten Städten, egal ob wirklich alt oder nur neu auf alt getrimmt, wird eine Vielzahl von Shows angeboten. Traditionelle Tanz- und Musikvorführungen und original Teezeremonien zählen zu den beliebtesten Beispielen. Natürlich sind auch hier viele Shows nicht authentisch. Natürlich ist es auch hier schwer zu erkennen, welche das sind. Es gibt aber doch ein paar Anhaltspunkte, anhand derer gut und schlecht, authentisch oder original unterscheidbar werden. Wenn Sie im Rahmen eines Tagesausfluges zu einer Show gefahren werden und sich vor dem Veranstaltungsort die Touristenbusse aneinanderreihen, dann handelt es sich selten um Darbietungen der wahren traditionellen Kultur, wenn Sie aber einer von wenigen ausländischen Touristen sind und ansonsten viele Einheimische, und ich meine jetzt nicht Chinesen generell, sondern Menschen, die in der Umgebung leben, dort antreffen, dann ist die Darbietung bestimmt authentisch.

Hangzhou West Lake Show

Haben Sie vielleicht den G20 Gipfel in Hangzhou im Jahr 2016 verfolgt? Anlässlich dieses Ereignisses wurden die Teilnehmer zu einer großen Show auf dem West See eingeladen. In einer atemberaubenden Darbietung wurden darin Geschichten vom Leben in den vergangenen Dynastien erzählt. Von Prinzessinnen, Bauern, Liebesleid und Familienfreude. Durch Lieder, durch Tänze, durch Akrobatik, eingehüllt in eine fantastische Inszenierung aus Licht und Laser, auf schimmernden beweglichen Bühnen, die im Wasser verankert sind, vorgetragen von einer Vielzahl einheimischer Künstler. In vielen anderen historischen Orten gibt es solche Veranstaltungen ebenfalls für in- und ausländische Touristen. Die Regie führt fast immer der gleiche Herr, der auch für die Eröffnungsfeier der Olympischen Spiele in 2008 verantwortlich zeichnete. Ein wirklich fleißiger Künstler, der auch viele bekannte chinesische Filme produzierte oder Regie führte. Es hängt sicher immer vom persönlichen Geschmack ab, ob man solche Shows mag und wie man sie beurteilt, aber doch sind sie spektakulär, künstlerisch auf absolutem Spitzenniveau und sie ermöglichen auch einen Blick darauf, wie sehr Chinesen den Künstlern mit ihrem Applaus ihre Anerkennung zeigen, nämlich sehr spärlich. Das heißt nicht, dass ihnen die Show nicht gefallen hat, es bedeutet nur, dass Chinesen eben nicht stehende Ovationen verteilen, bis sich der Vorhang ein 8. Mal öffnet. Sie applaudieren einmal und gehen nach Hause. Gehen Sie einmal hin, es lohnt sich. Es mag alles nur Illusion sein, aber auf jeden Fall eine lohnenswerte.

Sie werden also durch die traditionellen Orte schlendern oder geschoben, Sie werden Häuser, Höfe, Mauern und Gärten sehen und die Auslagen der Geschäfte wahrnehmen oder auch einen Einkauf machen, Ihre Ohren werden einem ununterbrochenen Lärmpegel ausgesetzt, all das ist gleich, egal ob wirklich alt oder nur restauriert. Aber doch haben Sie die Möglichkeit den Zauber dieser Orte ganz für sich selbst wahrzunehmen. Stehen Sie einmal um 3 Uhr morgens auf und machen Sie einen Spaziergang. Die Geschäfte sind dann geschlossen und die Auslagen hinter hölzernen Türen versteckt. Es herrscht totale Stille, nur vom Plätschern der Bäche gestört. Rot-goldenes mattes Licht hüllt die Pflastersteine in zarten Glanz. Selten werden Sie um diese Uhrzeit einen Menschen antreffen. Jetzt ist die Stunde gekommen, in der Sie den Zauber der chinesischen „Ancient Cities" erleben, mit alle Sinnen. Jetzt ist es belanglos, ob echt oder Fälschung.

Touristen haben die Eigenschaft, irgendwelche typischen Souvenirs mit nach Hause zu bringen, und dazu gibt es an den historischen Orten endlos viele Möglichkeiten. Bei den meisten Souvenirläden ist es eigentlich belanglos, wie historisch die preiswerten Dinge sind, die Sie gerade in den Händen halten. Aber wenn es sich um wirklich hochpreisige Ware handelt, Silber oder Jade zum Beispiel oder auch echte oder unechte chinesische Medizin, dann müssen Sie schon ein Fachmann sein, um den Schlitzohr-Verkäufer zu entlarven.

Hochwertige westliche Luxusartikel werden heutzutage nur noch selten gefälscht, weil der chinesische Kunde diese Fälschungen leicht erkennen kann und weil er Anspruch auf das Original erhebt, und auch das nötige Geld dafür hat. Diese Originale werden zwar häufig in China hergestellt, sind dort aber deutlich teurer als bei uns. Wenn Ihnen Designerkleidung und Markenschuhe, Kosmetika oder Smartphones günstiger als in Deutschland angeboten werden, dann sind es Fälschungen.

Chinesen haben eine große Vorliebe für deutsche Automarken, alle Hersteller haben deshalb Joint Venture Firmen mit großen chinesischen Automobilherstellern gegründet und machen blendende Geschäfte mit ihren echten Autos. Erstaunlicherweise gibt es aber immer noch eine ganze Reihe kleinerer chinesischer Autohersteller, die ganz offen besondere Modelle kopieren, weil es auch dafür einen Markt gibt. Dabei versucht man optisch so nahe wie möglich an das Original heranzukommen, doch je näher der Kenner kommt, umso deutlicher sieht er die Unterschiede. Da sind dann die Scheinwerfer doch minimal anderes geformt, der

Kühlergrill etwas breiter und vor allem sind die technischen Defizite zu erkennen. Breite Gummistreifen auf dem Dach, die die mittelmäßigen Schweißstellen verdecken, schlechte Bündigkeit der einzelnen Karosserieteile oder Farbunterschiede bei der Tankklappe seien als Beispiele genannt. Und natürlich darf das Auto nicht Porsche oder Land Rover heißen, also wählt man einen ähnlichen Namen und der Land Rover heißt dann „Landwind".

Chinesische Frauen, insbesondere die jüngeren, sind attraktiv, schlank, modebewusst und unzufrieden mit ihrem Körper. Deshalb hat sich eine ganze Industrie entwickelt, die aus einer schönen Frau eine ganz besonders schöne Frau machen kann. Offen wird dafür geworben und die Werbeplakate sind für uns Europäer nur schwer zu interpretieren. Da ist zum Beispiel auf einem Plakat auf der einen Seite eine Erdbeere abgebildet, groß, mit tiefen Poren und auf der anderen Seite eine Tomate mit feiner spiegelglatter zartroter Haut. Auf einem anderen Plakat finden wir links eine Kiwi-Frucht mit lauter kleinen Härchen, rechts daneben ein frisches Ei, strahlend weiß und glatt wie ein Kinderpopo. Jetzt also wird klar, wofür diese Plakate werben. Die linke Seite zeigt die Realität, brutal und inakzeptabel, rechts sieht man das, was möglich ist, wenn man sich in die Hände des richtigen Körperdesigners begibt.

Werbung
Schönheits-Operation

Fangen wir oben, auf dem Kopf, an. Schon mit Ende zwanzig können sich erste graue Haare unter das dicke Schwarz mischen. Diese lässt Frau sich nicht nur herauszupfen, nein, sie lässt an gleicher Stelle gleich wieder neue dunkle Haare einsetzen. Falten in der Stirn gehen überhaupt nicht, diese werden aufgepolstert, sodass sich die chinesische Stirn als makellose glatte Fläche zeigt. Anders ist es unterhalb der Augen. Dort haben die meisten Chinesinnen nicht einmal die Andeutung einer Falte. Also wird diese künstlich erzeugt. Weiterhin werden Augenbrauen und Wimpern einer Korrektur unterzogen. Und dann kommen wir zum Zentrum chinesischer Gesichtsoperationen, der Nase. Diese ist zahlenmäßig wohl eines der am meisten gefälschten Körperteile. Lippen werden voller gemacht, eingefallene Wangen aufgepolstert und sogar am Hals wird manipuliert, wenn dort die Haut zu schlaff herumhängt. Und ein zu rundes Kinn muss auf jeden Fall angespitzt werden. Die Arme bleiben weitestgehend im Originalzustand erhalten, wohingegen die Vergrößerung der Brüste zahlenmäßig wohl auf einem Level mit der Nase liegt. Mit dem flachen Bauch sind die meisten sehr zufrieden, ein flacher Po ist aber schon wieder ein Manko, also wird auch dieser fülliger gemacht. Schließlich sind auch zu Flamingo-artige Oberschenkel nicht wirklich ideal, aber auch dafür gibt es doch eine Behandlungsmethode. Jetzt sind die Beobachter wirklich in einer schwierigen Situation. Der Mann rätselt, ob das weibliche Wesen, das gerade an ihm vorbeischlenderte, echt oder unecht ist. Wie viele feine Narben mag er wohl entdecken, wenn sich eine nähere Beziehung zu so einem Kunstwesen entwickelt und wie nachhaltig werden deren Korrekturen wohl sein? Die beobachtende Frau hingegen fragt sich, welcher Künstler die vorbeischlendernde Schönheit zu ebendieser gemacht hat.

Gibt es nach all diesen Eingriffen immer noch Bedarf an weiteren Korrekturen? Erstaunlicherweise schon und hier kommen die Fotostudios ins Spiel. Selbst vom Chirurgen perfekt manipulierte Frauen sehen immer noch eine Möglichkeit, noch schöner zu werden. Deshalb sind die kleinen Fotohäuschen, in denen Frau für wenige RMB schnell ein Set von vier Fotos machen lassen kann, längst ausgestorben. An deren Stelle tritt das professionelle Fotostudio, das mit hochwertigen Kameras und entsprechender Software nun das schönste aller schönen Wesen erschafft. Termine sind sehr gefragt und müssen deshalb im Voraus gebucht werden. Bevor die Kamera in Aktion tritt, wird das Gesicht sorgfältig geschminkt und auch die Haare werden präpariert. Dann werden dutzende Fotos gemacht und die drei besten werden ausgewählt, um sie mit einer professionellen Fotobearbeitungssoftware aufwendig noch zum letzten Schritt der Perfektion zu bringen. Alle Freundinnen werden das Foto begeistert bewundern, potenzielle Arbeitgeber, die nach dem Bewerbungsfoto die reale Bewerberin sehen, alle Männer, die die Dame nach ersten Online-Dating-Annäherungen irgendwann live treffen, werden den Schwindel schnell enttarnen. Aber vielleicht wollen die perfekt gefälschten Chinesinnen ohnehin nie mehr real in Erscheinung treten.

Ist das, was Sie sehen, berühren, hören, real, echt oder Illusion? Diese Frage ist weder neu noch spezifisch chinesisch. Der griechische Philosoph Pyrroh hatte bereits Zweifel, ob menschliche Augen und Ohren wirklich in der Lage seien, das wahre Wesen der Dinge zu erkennen. Plato beschreibt in seiner Erzählung über die seit Geburt in einer Höhle Gefangenen die Unmöglichkeit, die Realität wahrzunehmen, wenn man nur eine Perspektive der Beobachtung hat. Und auch der chinesische Philosoph Zhuangzi hat sich mit der Wahrnehmung auseinandergesetzt. Er träumte, er sei ein Schmetterling, unbeschwert und voller Glück. Und als er aufwachte, war er unsicher, ob er jetzt (wieder) Mensch sei, der eben noch träumte, ein Schmetterling gewesen zu sein, oder ob er doch ein Schmetterling sei, der gerade träumte, ein Mensch zu sein.

Chinesen sind Meister der Illusion. Wir können uns hartnäckig die Köpfe zerbrechen, um das zu beweisen, um es zuhause als Bestätigung aller Vorurteile zu berichten, oder wir können genießen, was wir wahrnehmen, sei es Realität, sei es Illusion. Sie entscheiden.

D Das Politische System und der Tourist

Zunächst habe ich mit dem Gedanken gespielt, am Ende des Buches einen kurzen Abriss über Chinas Geschichte und des heutigen politischen Systems zu geben. Das hätte, selbst wenn ich es nur stichwortartig beschreiben würde, zu einem sehr umfangreichen Kapitel werden können. Deshalb verweise ich den interessierten Leser an dafür schon vorhandene Werke. Dennoch will ich mich des Themas „Politisches System" annehmen und es dahingehend beleuchten, wie es für den Reisenden sichtbar wird.

Einige ältere Leser haben vielleicht noch konkrete Bilder und Erfahrungen von Reisen in ehemals sozialistische, kommunistische Länder wie die Sowjetunion, die DDR oder Rumänien im Hinterkopf. All denjenigen und auch allen anderen, die davon eventuell gelesen haben, will ich gleich am Anfang sagen: Vergessen Sie jeden Vergleich, denn in China ist nichts so, wie Sie es dort erlebt haben.

Zum ersten Mal begegnen Sie dem chinesischen Staat, wenn Sie Ihr Visum beantragen. Genauer gesagt begegnen Sie einem Service Center, das für die Visaangelegenheiten zuständig ist. Wenn Sie sich vorher genau über die Regeln der Visumerteilung informiert haben und die wenigen notwendigen Unterlagen zum Servicecenter mitbringen, dann dauert der Besuch dort nicht länger als 3 bis 5 Minuten. Für Chinesen, die ein Visum für eine Reise nach Deutschland beantragen wollen, ist der Prozess übrigens wesentlich aufwendiger. Sie müssen dem deutschen Konsulat einen ganzen Berg von Dokumenten vorlegen und auch deutlich mehr Zeit für den ganzen Prozess aufbringen. Ich finde keine plausible Erklärung, weshalb das so ist.

Dann begegnen Sie dem Staat im Flugzeug, kurz vor der Ankunft, indem Sie ein Einreiseformular ausfüllen müssen. Alle Leser, die diese Prozedur von den Einreisen in die USA kennen,

外国人入境卡
ARRIVAL CARD

请交边防检查官员审验
For Immigration clearance

姓 Family name		名 Given names	
国籍 Nationality		护照号码 Passport No.	
在华住址 Intended Address in China			男 Male ☐　女 Female ☐

出生日期 Date of birth　年Year　月Month　日Day

入境事由(只能填写一项) Purpose of visit (one only)

签证号码 Visa No.		会议/商务 Conference/Business ☐	访问 Visit ☐	观光/休闲 Sightseeing/ ☐ in leisure
签证签发地 Place of Visa Issuance		探亲访友 Visiting friends ☐ or relatives	就业 Employment ☐	学习 Study ☐
航班号/船名/车次 Flight No./Ship's name/Train No.		返回常住地 Return home ☐	定居 Settle down ☐	其他 others ☐

以上申明真实准确。
I hereby declare that the statement given above is true and accurate

签名 Signature

Einreiseformular

werden begeistert sein, wie klein das chinesische Papier ist. Sie tragen Ihre persönlichen Daten ein, dazu den Namen des ersten Übernachtungsortes, die Flugnummer und den Rückreisetermin. Das ist es auch schon.

Und dann kommt schon die Einreise am Flughafen in China. Sie werden positiv überrascht sein. Es geht unglaublich schnell, eine Minute pro Person am Schalter, höchstens. Die Immigration Officer sind freundlich, die Halle ist hell, die Schalter sind gut einsehbar, nichts erinnert an die Sowjetunion, nichts erinnert an amerikanische Flughäfen. Während Sie dort immer noch in der Schlange ober bei einem unfreundlichen Beamten warten, können Sie in China schon längst im Hotel duschen.

Jetzt sind Sie im Land und Sie können machen, was Sie wollen (Lediglich für Reisen nach Tibet gibt es ein paar besondere Regeln zu beachten). Sie können in jedem Hotel übernachten, das Ihnen gefällt, mit Ausnahme der wenigen Häuser, die nicht für Ausländer gedacht sind, was aber eher am mangelnden Komfort und nicht an einer politischen Absicht liegt. Bei der Ankunft im Hotel wird Ihr Pass kopiert. Ob diese Kopien in irgendeiner Form an politische Institutionen weitergegeben werden, entzieht sich meiner Kenntnis, ist aber auch nicht relevant. Sicher ist aber, dass Sie sich nicht förmlich bei einer Polizeibehörde anmelden müssen, wie es früher in den sozialistischen Staaten des Ostblocks üblich war. Sie können auch völlig unbehelligt von politischen und polizeilichen Institutionen im Land herumreisen, ganz wie es Ihnen gefällt. Für das Touristenvisum müssen Sie Ihre geplante Reiseroute im Visumantrag kurz skizzieren, also alle Orte auflisten, die Sie besuchen wollen, und die geplante Aufenthaltsdauer. Was Sie dann im Land tatsächlich machen, wohin Sie wirklich fahren, kann aber etwas ganz Anderes sein. Ihr Plan und Ihre tatsächliche Reiseroute werden nicht abgeglichen.

An besonderen Tagen wie dem Nationalfeiertag oder dem Frühlingsfest tritt der Staat für jeden unentrinnbar in Erscheinung, nämlich mittels der kleinen und großen roten Fähnchen, die jeden Laternenmast schmücken. Über Nacht sind sie angebracht worden, aber als politisches Symbol, als Kennzeichen der allein seligmachenden Kommunistischen Partei Chinas werden sie nicht wahrgenommen, sondern einfach als Schmuck der Straßen und zur Kennzeichnung eines besonderen Tages.

Polizisten werden Sie oft sehen und an wichtigen Plätzen auch Soldaten. Polizisten führen gelegentlich Passkontrollen an U-Bahn-Stationen durch oder sie konfiszieren Waren von illegalen Händlern. Das geht rasch und kompromisslos und schaulustige Touristen werden nicht zur Kenntnis genommen. Die Soldaten wirken oft sehr jung, haben kindliche Gesichter. Weder sind sie furchteinflößend noch sonst irgendwie bedrohlich. Sie stehen irgendwo Wache, längst nicht so reglos wie vor dem Buckingham Palast im London oder sie marschieren auf und ab. Wenn Sie mögen, dann beobachten Sie die jungen Mädchen dabei, wie sie ihre Soldaten anhimmeln.

Osteuropäische Staaten waren während ihrer kommunistischen Jahre geprägt vom Mangel, also Leere in den Geschäften, durch triste, graue Straßenzüge oder durch eintönige, farblose Kleidung. All das ist in China nicht existent, es ist das genaue Gegenteil der Fall, es herrschen Überfluss, lebendiges Leben und die farbenfroheste Kleidung, die man sich überhaupt vorstellen kann.

Nicht selten werden Sie kleine Demonstrationen sehen. Dabei geht es nicht um Menschenrechte und Demokratie in Allgemeinen, sondern um alltägliche Probleme, die den Demonstranten ein persönliches Ärgernis sind. Einmal sah ich einen Mann in Changsha, der sich darüber ärgerte, dass die chinesische Post für die Zustellung eines Briefes fünf Tage benötigte. Also malte er zwei Schilder, auf denen er das Ärgernis beschrieb, hängte sie sich um und stellte sich damit in die Mitte einer 4-spurigen Straße, direkt vor das örtliche Postamt. Nicht nur, dass ihn niemand von dort vertrieb, nein, selbst Mitarbeiter des Postamtes kamen neugierig heraus, um nachzusehen, was den guten Mann denn so verärgert hatte. Eine Stunde später verließ er dann unbehelligt die Straße.

Wenn Sie wollen, können Sie mit chinesischen Freunden oder auch Unbekannten über Politik reden und sie werden Ihnen offen ihre Meinung sagen, dieselbe Meinung, die sie auch in den sozialen Medien zum Ausdruck bringen. Sie können auch über amerikanische oder europäische Politik reden und Sie werden erstaunt sein, wie kenntnisreich Ihre Gesprächspartner sind.

Auf dem Campus der Universitäten werden viele Symbole und Vertreter des Wissens verehrt, auf Fotografien oder als Skulpturen. Mao oder Deng werden Sie dort aber nur selten sehen, stattdessen aber Goethe, Tolstoi, Einstein oder Aristoteles. Sie dienen den chinesischen Studenten als Anregung, nach einer guten humanistischen Bildung zu streben. Die chinesischen Schüler und Studenten lernen außergewöhnlich viel über deutsche, englische oder französische Literatur, Philosophie, Malerei, Musik oder auch Wissenschaft. Die kommunistische Partei verhindert das nicht, im Gegenteil, sie fördert es. Und wenn Sie mit einer chinesischen Abiturientin über, sagen wir mal klassische deutsche Musik, also Mozart oder Beethoven, reden, dann wird sie wahrscheinlich ein größeres Wissen darüber haben als ihre deutschen Abiturklassen-Kommilitoninnen und sie wird dieses Wissen auch zehn Jahre nach Schulabschluss noch parat haben. An dieser Stelle sei die Frage gestattet: Was wird heute an unseren Schulen eigentlich über China gelehrt?

Das politische System gewährt über 60 Jahre alten Menschen zahlreiche Annehmlichkeiten, von denen eine die deutlich redu-

Auf dem Campus

zierten Eintrittspreise für die Sehenswürdigkeiten sind. Und davon können Sie auch als ausländischer Tourist profitieren. Führen Sie deshalb bitte immer Ihren Pass mit.

Apropos Pass. Dieses Dokument ist unerlässlich. Beim Kaufen von Tickets, beim Betreten von Bahnhöfen, beim Einchecken im Hotel und zu vielen anderen Gelegenheiten müssen Sie ihn vorzeigen. Dahinter steckt also eine politische Entscheidung. Jeder Tourist und Einheimische ist für den Staat gläsern, sagen viele. Und andere ordnen es eher unter dem Aspekt der Sicherheit ein. Wie auch immer, als Reisender werden Sie von der chinesischen Staatsgewalt nichts Bedrohliches oder Einschränkendes spüren. Verhalten Sie sich so, wie Sie es auch in Hamburg, Rom oder Wien machen würden.

Eine letzte Berührung mit dem System werden Sie schließlich bei der Ausreise haben. So wie Sie aus Deutschland nach China ausreisen, reisen Sie aus China nach Deutschland aus. Der einzige Unterschied ist der Stempel, der neben die Seite mit dem Visum platziert wird.

Um es mit einem Satz zusammenzufassen, das politische System Chinas wird bei Ihrem Aufenthalt Ihnen in keiner Weise unangenehm, behindernd oder gar verbietend entgegentreten.

E Kulturvergleich – Redewendungen

Durch einen Zufall habe ich herausgefunden, dass manche Redewendungen, die wir oft benutzen, um alltäglich Situationen im kulturellhistorischen Kontext zu beleuchten und treffend zu beschreiben, in China durchaus ihr Pendant haben und gar nicht so selten sind die Ähnlichkeiten überraschend groß, was man bei eigentlich so unterschiedlicher Geschichte und Kultur in dieser Form nicht unbedingt erwarten würde. Werfen wir deshalb einen Blick auf eine Auswahl, die selbstredend wieder rein zufällig ist, nicht repräsentativ und schon gar keine wissenschaftliche, interkulturelle Interpretation sein soll. Der einzige Zweck ist, Sie noch mit einem vielleicht bisher unbekannten Phänomen zu unterhalten und Sie noch etwas neugieriger auf China zu machen.

Die Redewendungen selbst sind natürlich real, nachlesbar und weit verbreitet, ihre Interpretation hingegen ist ausschließlich meiner bescheidenen analytischen Fähigkeit entsprungen.

Für die chinesische Version führe ich zuerst die entsprechenden chinesischen Schriftzeichen auf, dann die zugehöre Pinyin-Version, gefolgt von einer sinngemäßen Übersetzung.

Beispiel 1: Über die Dringlichkeit

Deutsch: „Was du heute kannst besorgen, das verschiebe nicht auf morgen."

Chinesisch: „今日事今日毕 = jin1ri4 shi4 jin1ri4 bi4 = Angelegenheiten von heute sollen auch heute erledigt werden."

Hier treffen wir schon auf eine erstaunliche Ähnlichkeit. Es geht darum, eine Sache möglichst frühzeitig zu bearbeiten, zu erledigen, hinter sich zu bringen.

Symbol chinesischer Kultur

Die deutsche Version stellt dafür offensichtlich die verfügbare Zeit in den Vordergrund. Wenn man also am heutigen Tag über genügend Zeit, vielleicht auch über entsprechende Fähigkeiten verfügt, dann soll man die Sache auch gleich erledigen, unabhängig von deren Dringlichkeit. Eine erledigte Sache ist offensichtlich eine gute Sache.

In Nuancen anders gibt die chinesische Variante dieser Redewendung einen anderen Sinn, denn sie legt den Schwerpunkt zunächst auf die Dringlichkeit. Heutige Dinge sind eben solche, die auch heute relevant sind, daher müssen sie erledigt werden und nicht nur deshalb, weil heute zufälligerweise Zeit dafür vorhanden ist. Im Umkehrschluss heißt das aber auch, dass sich der Chinese die Zeit dafür nehmen soll, nehmen muss, denn ein Verschieben würde der Bedeutung der Sache nicht gerecht werden. Vielleicht erklärt sich daraus auch die Tatsache, dass Chinesen schnell dazu bereit sind, ein paar Überstunden zu leisten, man muss ihnen nur klarmachen, dass es sich eben um sehr wichtige und dringende Dinge handelt.

Beispiel 2: Über die Verlobung

Deutsch: „Verlobung heißt Festhalten und eine(n) Bessere(n) suchen."

Chinesisch: „骑驴找马 = qi2 lü2 zhao3 ma3 = Den Esel reiten und das Pferd suchen."

Da ist doch schon auf den ersten Blick eine erstaunliche Ähnlichkeit zu erkennen. Offenbar muss mit der Verlobung die Wahl des Lebenspartners noch nicht endgültig abgeschlossen sein, offensichtlich besteht doch die Chance, noch einen passenderen Partner zu finden. In beiden Kulturen ist also der Tatbestand einer Verlobung Grund dafür gewesen, ihn anhand einer Redensart zu einer bedeutenden Angelegenheit zu erklären.

Die deutsche Variante zeigt dabei eher die charakteristischen Verhaltenszüge der leicht Gewalttätigen, soll der Verlobte doch festgehalten werden, ihm also die Möglichkeit geraubt werden, selbst nach einer Besseren zu suchen. Unfair, könnte man sagen, aber auch für die Festhaltende selbst eher ungünstig, denn wie kann sie denn auf die Suche gehen, wenn sie gleichzeitig mit dem Festhalten beschäftigt ist. Insgesamt scheint diese Verhaltensweise doch kaum dazu geeignet, das damit erhoffte Ergebnis auch herbeizuführen.

Die chinesische Ausdrucksform gibt offenbar jedem der beiden Verlobten die Möglichkeit, nach einem Pferd Ausschau zu halten. Und beide müssen dazu aktiv werden, also sich reitend, wenn auch auf einem Esel, offensichtlich gemächlichen Schrittes bewegen. Aber es wird nicht auf ein aktives Suchen abgehoben, sondern darauf, zwar zu reiten, gleichzeitig aber auf das Pferd lediglich zu warten. Es mag also kommen oder auch nicht. Im wahren Leben schätzen Chinesen ein Pferd zwar höher ein als einen Esel. Es ist stärker, freundlicher, eleganter, wahrscheinlich auch schöner, aber auch der Esel ist mit allerlei positiven Eigenschaften ausgestattet, sodass mit dem Warten auf das Pferd keine sehr lange Zeit verbracht werden soll. Es ist also üblich und wahrscheinlich, dass die beiden Esel heiraten werden. Und wenn die Ehe, was nicht unwahrscheinlich ist, eines Tages geschieden wird, dann kann man erneut alles auf ein Pferd setzen. Letzterer Satz allerdings ist nicht mehr durch dieses Sprichwort abgedeckt.

Beispiel 3: Von Aufwand und Ertrag

Deutsch: „Zwei Fliegen mit einer Klappe schlagen."

Chinesisch: „一石二鸟 = yi1 shi2 er2 niao3 = Ein Stein, zwei Vögel."

Abgesehen von der Wahl der konkreten Worte gab es offensichtlich in beiden Kulturkreisen das Bedürfnis, mit wenigen Aktionen möglichst viele Ergebnisse zu erzielen.

Es mag Zufall sein, dass in der deutschen Version das Bild der Fliege gewählt wurde, wahrlich kein Symbol für eine große

Sache, für ein großes Ziel. Auch die Klappe als Symbol für diese Aktion auszuwählen ist keines, das besondere Begeisterung auslösen wird. Nun, vielleicht liegt dem ganzen auch nur das Märchen zugrunde, in dem ein Schneider den Riesen das Fürchten lehrte, sie damit immerhin sehr beeindrucken konnte, wenngleich sie durch die gewählten Worte doch in die Irre geführt wurden.

Wie wir schon des Öfteren gesehen haben, macht es immer Sinn, einen Blick in die chinesische Geschichte zu werfen, um den Hintergrund eines Satzes zu erkennen. Dem Vogel kommt darin eine besondere Bedeutung zu. Zum einen ist der Phoenix das Symbol für die Kaisergattin, die Kaiserin. Doch scheint es unwahrscheinlich, dass diese Redewendung darauf abhebt. Wir werden größeren Erfolg haben, wenn wir auf den schwarzen Raben schauen. Dieser steht für Elend, Not, Unglück und Tod. Deshalb will niemand Raben in seiner Nähe haben, deshalb will man sie vertreiben, mit einem gezielten Steinwurf. Und wenn man mit einem Stein gleich zwei Raben trifft, dann ist das ein anstrebenswertes Ziel. Dass dieser Satz in heutiger Zeit in Bezug auf das Erreichen von Zielen mit wenig Aufwande eine sehr generelle Bedeutung hat, ist nicht verwunderlich.

Beispiel 4: Über problemloses Leben

Deutsch: „Wenn Sie keine Probleme haben, dann suchen Sie sich welche.“

Chinesisch: „没事找事 = mei2 shi4 zhao3 shi4 = Wenn es keine Angelegenheiten gibt, dann suche welche.“

Auch hier begegnet uns eine frappierende Ähnlichkeit, die irgendetwas mit Unrast und der Unfähigkeit zur Zufriedenheit zu tun hat.

Die deutsche Variante verwendet konkret das Wort „Problem“, zielt also auf diejenigen Menschen ab, die einfach nicht unbeschwert zufrieden sein können, sondern sich immer mit etwas Negativem, Belastendem beschäftigen müssen und bei jeder Gelegenheit auch danach suchen werden. Menschen mit diesen Eigenschaften werden folglich rastlos umherirren, bis sie endlich im bemitleidenswerten Ton ihrer Umwelt über ihr nächstes großes Problem, unter dem sie sehr leiden, berichten können.

Das chinesische Wort „zhi4" hat eine viel umfassendere Bedeutung, ist also nicht auf den Problem-Fall fokussiert. Es kann sich auf eine ganz allgemeine Angelegenheit beziehen, also auch auf ein Problem, aber eben auch auf völlig andere Sachverhalte. Auf die Arbeit zum Beispiel, auf eine Aktivität bei drohender Langeweile oder auf eine geniale Geschäftsidee, um sich endlich erfolgreich selbstständig zu machen. Auf jeden Fall wird aber auch hier betont, dass man dafür auf die Suche gehen soll.

Beispiel 5: Von Gut, Böse und Gemeinsamkeit

Deutsch: „Du sollst deine(n) Ehefrau (Ehemann) lieben und ehren, in Gesundheit und Krankheit, in guten wie in bösen (schlechten) Tagen."

Chinesisch: „有福同享有难同当 = you3 fu2 tong2 xiang3, you3 nan2 tong2 dang1 = Wer zusammen das Glück erlebt, soll auch zusammen die Schwierigkeiten meistern."

Die kulturellen Unterschiede werden auch hier auf den ersten Blick gar nicht sofort deutlich. Trotzdem sind die Aussagen in einer feinen Nuance für die beiden Kulturen doch sehr spezifisch. Die grundsätzliche Aussage ist identisch, sagt sie doch, dass man nicht nur das schöne Wetter zusammen genießen soll, sondern auch füreinander da sein muss, wenn Sturm und Unwetter aufziehen.

In der deutschen Fassung wird dieser Satz beim Eingehen der Ehe beiden Partnern mit auf den Weg gegeben, ist also gewissermaßen eine Angelegenheit von zwei Personen, dem Ehepaar.

Der chinesische Satz bleibt bei der Frage, für wen er gelten soll, unspezifisch, aber da die Familie in China eine überragende Rolle im Zusammenleben spielt, ist natürlich ein wesentlich größerer

Personenkreis angesprochen. Dieser geht über die Kernfamilie Großelter, Eltern, Kinder weit hinaus und reicht bis zu entfernten Tanten, Onkeln, Nichten und Neffen. Die Lebensrealität zeigt jeden Tag, wie sehr dieser Satz gelebt wird. Wenn ein Mitglied der großen Familie sehr krank ist, dann kann es durchaus die 3. Tante sein, die für die Behandlungskosten aufkommt, wenn jemand seine Arbeit verloren hat, dann halten alle Verwandten Ausschau nach einer neuen Anstellung. Und wenn für einen der Nachkommen ein Ehepartner gefunden werden muss, dann erblüht das Familiengeflecht zu wahrer Größe.

Beispiel 6: Von den entgegenwirkenden Kräften

Deutsch: „Wer zur Quelle will, muss gegen den Strom schwimmen."

Chinesisch: „逆水行舟不进则退 = ni4 shui3 xing2 zhou1, bu2 jin4 ze2 tui4 = Das Boot, das sich gegen das Wasser (die Strömung) stellt, muss immer vorwärtsgehen, ansonsten wird es sich rückwärts bewegen."

Noch einmal eine überdeutliche Identität. In beiden Welten, der der Mitte und der des Westens, wird Stillstand als Bewegung gesehen, und zwar als rückwärtsgerichtete Bewegung.

Die deutsche Version stellt dabei aber nur den Akteur in der Redewendung heraus. Der Akteur muss vorwärtsgehen. Externe Widerstände werden nicht genannt. Es liegt also ganz am Engagement des Einzelnen, ob er vorwärtsgeht und ans Ziel kommt. Diese Redewendung zielt darauf ab, die Quelle als Ziel zu erreichen, denn dort und nur dort hat man die Chance, zur wahren Erkenntnis zu kommen. Es geht aber auch darum, sich gegen die Masse zu stellen, die immer mit dem Strom schwimmt, und damit seine eigene Individualität zu formen.

Die chinesische Version gibt mehr Raum für Interpretationen, denn sie stellt einen Gegner beim Vorwärtskommen an eine zentrale Stelle des Satzes: die Strömung des Wassers, die entgegenkommt.

Gegen diese soll man sich stellen, um nicht zurückgeworfen zu werden. Also muss man nicht nur den eigenen inneren Schweinehund überwinden, sondern auch die entgegenwirkenden Kräfte. Der Ursprung dieses Satzes liegt mehrerer tausend Jahre zurück. Letztlich bringt er zum Ausdruck, dass man sich immer weiter verbessern, ja vervollkommnen soll. Dafür bedarf es aber großer und fortwährender Anstrengung.

Beispiel 7: Über Nähe und Ferne

Deutsch: „Ein Freund in der Nähe ist besser als ein Bruder in der Ferne."

Chinesisch: „远亲不如近邻 = yuan3 qin1 bu4 ru2 jin4 lin2 = Ferne Blutsverwandte sind nicht so gut wie nahe Nachbarn."

Selbst bei größtmöglicher Fantasie ist es kaum möglich, auch hier noch Unterschiede herauszuarbeiten, zu identisch sind die Worte und der Satzbau. Beide Redewendungen zielen darauf ab, dass es im täglichen Leben, losgelöst von der Art der Interaktion, von großem Vorteil ist, jemanden konkret in der Nähe zu haben, der helfen kann, der unterstützen kann, den man jederzeit ansprechen und erreichen kann, wenn man ihn braucht. Selbst das chinesische Prinzip der Familienzusammengehörigkeit wird dann nicht helfen, wenn eben diese Familienmitglieder unerreichbar weit entfernt wohnen. Durch die Größe des Landes und durch die Mobilität der Chinesen ist es aber längst Realität, dass chinesische Familienmitglieder weit entfernt voneinander leben. Sie können zwar durch die heutigen Kommunikationsmittel viel intensiver ihre Familie unterstützen, als das zur Zeit der Entstehung dieser Redewendung möglich war. Insofern reduziert sich ihre Gültigkeit etwas, aber für die kleinen alltäglichen Freuden und Sorgen des Lebens, also für das Mah-Jonggspielen, für das Chorsingen im Park oder für eine kleine Hilfe im Haus braucht man doch reale Personen, dafür braucht man die guten Nachbarn.

Beispiel 8: Der erste Schritt

Deutsch: „Auch eine Reise von tausend Meilen fängt mit dem ersten Schritt an."

Chinesisch: „千里之行始於足下 = qian1 li3 zhi1 xing2 shi3 yu2 zu2 xia4 = Eine Reise, tausend Meilen lang, mit einem ersten Schritt fing sie an."

Es sind zwar mehr als eintausend Meilen bis nach China, aber diese Redewendung, die nun gar keinen Raum für unterschiedliche Interpretationen lässt, ist doch bestens geeignet, dieses Kapitel abzuschließen und damit zur letzten Seite des Buches überzuleiten.

F Abschließende Bemerkungen

Die Überschrift dieses Kapitels zeigt Ihnen zweifelsfrei, dass Sie dieses Buch gleich zur Seite legen können. Natürlich könnte ich noch leicht dreihundert weitere Seiten mit meinen Eindrücken aus China füllen, aber da es sowieso kein vollständiges Werk über China geben kann, ist jetzt ein Punkt erreicht, an dem ich einfach mit dem Schreiben aufhören werde.

Vielleicht habe ich Sie gelangweilt. Aber dann werden Sie wohl kaum die Worte dieser letzten Seite lesen. Vielleicht habe ich Sie unterhalten. Vielleicht habe ich dem einen oder anderen etwas vermittelt, was ihm bisher nicht bekannt war, dann hat sich die Mühe für mich schon gelohnt. Vielleicht habe ich auch jemanden näher an die Entscheidung herangeführt, sich diese chinesische Welt einmal mit eigenen Augen anzusehen. Dann habe ich das erreicht, was mich eigentlich zum Schreiben meiner Impressionen aus einer anderen Welt motiviert hat. Vielleicht entsteht mit dem ein oder anderen Leser und China-Reisenden ein Dialog, vielleicht werde ich ein weiteres Buch schreien oder einen Blog oder auf einer eigenen Internetseite Geschriebenes mit optisch und akustisch wahrnehmbaren Eindrücken anreichern. Was auch immer auf dieses Buch folgen wird, es ist doch der erste Schritt.

Für alle diejenigen, die demnächst nach China reisen, werden all diese „Vielleicht Sätze" keine Rolle spielen. Für sie wird es eine Gewissheit geben, nämlich, dass sie mit spektakulären Eindrücken zurückkehren, wenn – aber nur wenn – sie die Reise ohne Vorurteile antreten und im Land all das, was sie erleben, niemals mit Attributen wie „das ist bei uns aber viel besser …" bewerten werden. Das Land der Mitte erwartet Sie und auch mich, denn ich habe auch noch längst nicht alles erfahren, was CHINA ausmacht.

Wir sehen uns im „Land der Mitte"!

novum ⬛ VERLAG FÜR NEUAUTOREN

Bewerten
Sie dieses Buch
auf unserer
Homepage!

w w w . n o v u m v e r l a g . c o m

EIN HERZ FÜR AUTOREN A HEART FOR AUTHORS À L'ÉCOUTE DES AUTEURS MIA KAPΔIA ΓIA ΣΥΓΓ
ARTA FÖR FÖRFATTARE UN CORAZÓN POR LOS AUTORES YAZARLARIMIZA GÖNÜL VERELIM SZ
RE PER AUTORI ET HJERTE FOR FORFATTERE EEN HART VOOR SCHRIJVERS TEMOS OS AUT
ZÖINKÉRT SERCE DLA AUTORÓW EIN HERZ FÜR AUTOREN A HEART FOR AUTHORS À L'ÉCOL
CÃO ВСЕЙ ДУШОЙ К АВТОРАМ ETT HJÄRTA FÖR FÖRFATTARE Á LA ESCUCHA DE LOS AUTO
URS MIA KAPΔIA ΓIA ΣΥΓΓΡΑΦΕIΣ UN CUORE PER AUTORI ET HJERTE FOR FORFATTERE EEN
ARIMI ERE ZERZÖINKÉRT SERCE DLA AUTORÓW EIN HERZ FÜ
SCHR S A ORAÇÃO ВСЕЙ ДУШОЙ К АВТОРАМ ETT HJÄRTA FÖ

Der Autor

Manfred Görk bereiste Dutzende von Ländern auf allen fünf Kontinenten, weil ihn die Neugierde trieb, zu erfahren, was dort anders ist als in seinem Heimatland Deutschland. Im Jahr 2008 besuchte er zum ersten Mal China und seitdem lässt ihn dieses Land nicht mehr los. In den Folgejahren reiste er quer durch den chinesischen Kosmos und sammelte Eindrücke, die er in Teilen bereits über seinen Videokanal auf YouTube veröffentlichte. Nun präsentiert er mit „Land der Mitte – Impressionen aus einer anderen Welt" einen Auszug aus der Unmenge seiner Eindrücke in Buchform.

Kontaktaufnahme über die E-Mail Adresse: landdermitte@gmx.net

novum VERLAG FÜR NEUAUTOREN

Der Verlag

*Wer aufhört
besser zu werden,
hat aufgehört
gut zu sein!*

Basierend auf diesem Motto ist es dem novum Verlag
ein Anliegen neue Manuskripte aufzuspüren, zu ver-
öffentlichen und deren Autoren langfristig zu fördern.
Mittlerweile gilt der 1997 gegründete und mehrfach
prämierte Verlag als Spezialist für Neuautoren in
Deutschland, Österreich und der Schweiz.

**Für jedes neue Manuskript wird innerhalb
weniger Wochen eine kostenfreie, unverbind-
liche Lektorats-Prüfung erstellt.**

Weitere Informationen zum Verlag und
seinen Büchern finden Sie im Internet unter:

www.novumverlag.com